AF204414

Anselm Grün

# 33 Helferengel
# für jede Lebenslage

*Editorische Notiz:*
*Die Texte dieses Buches erschienen zuerst unter dem Titel*
*„Der Engel der Einfachheit und andere himmlische Boten,*
*die das Leben leichter machen".*


Neuausgabe 2022

© Verlag Herder GmbH, Freiburg im Breisgau 2014
Alle Rechte vorbehalten
www.herder.de

Umschlagdesign: Sabine Hanel, Gestaltungssaal
Umschlagmotive: © MarShot/shutterstock.com

Satz und Gestaltung: Chris Langohr Design, March
Innenillustrationen: © Alexander Ryabintsev/shutterstock.com, Almix/shutterstock.com,
ann1911/shutterstock.com, Artskrin/shutterstock.com,
Askhat Gilyakhov/shutterstock.com, Back one line/shutterstock.com,
Blinx/shutterstock.com, DaisyArtDecor/shutterstock.com, Derplan13/shutterstock.com,
DODOMO/shutterstock.com, juliawhite/shutterstock.com, Keya/shutterstock.com,
Lana Nikova/shutterstock.com, Luckyrizki/shutterstock.com, LuckyStep/shutterstock.com,
Magic Panda/shutterstock.com, NadzeyaShanchuk/shutterstock.com,
nasharaga/shutterstock.com, Navalnyi/shutterstock.com, NikVector/shutterstock.com,
Olga Rai/shutterstock.com, one line star/shutterstock.com,
OneLineStock.com/shutterstock.com, samui/shutterstock.com,
Simple Line/shutterstock.com, Singleline/shutterstock.com,
suns07butterfly/shutterstock.com, tetiana_u/shutterstock.com, Tiverets/shutterstock.com,
Valenty/shutterstock.com, Yanina Nosova/shutterstock.com,
ZhAnStudio/shutterstock.com, ∏ Erekle Kiparoidze/shutterstock.com


Herstellung: Graspo, Zlín
Printed in the Czech Republic

ISBN 978-3-451-03425-1

Anselm Grün

# 33
# Helferengel
# für jede
# Lebenslage

## Auf himmlischen Flügeln
## zu neuer Leichtigkeit

Herausgegeben von
Anton Lichtenauer

HERDER

FREIBURG · BASEL · WIEN

# Inhalt

# Einleitung

Viele Künstler haben die Engel mit Flügeln dargestellt und damit etwas Wesentliches zum Ausdruck gebracht: Die Engel machen uns das Leben leichter. Es gibt so viele Situationen in unserem Leben, die uns im ersten Augenblick schwer vorkommen. Wir spüren einen inneren Widerstand, wir fühlen uns niedergedrückt, überfordert und ausgepowert. In solchen Momenten bräuchten wir einen Engel, der unsere Seele beflügelt, um die Dinge leichter zu nehmen, sie von einer anderen Warte aus zu betrachten und vielleicht ganz neu zu sehen. In Situationen, die wir als schwierig erleben, ist es gut, sich nicht an den Problemen festzubeißen oder sich anzustrengen, um mit aller Kraft eine Lösung anzustreben. Da sollten wir einfach auf den Engel schauen, der schon bei uns ist, und auf den Impuls achten, den wir in unserer Seele spüren. Der Engel nimmt alles leichter. Und er lädt auch uns ein, manches leichter zu nehmen und uns nicht zu viel aufzuladen. Denn dann laufen wir Gefahr, unter dem Gewicht, das auf unseren Schultern lastet, zusammenzubrechen.

Engel haben etwas Leichtes, Schwereloses an sich. Auch hier geben uns die Künstler Hinweise: Die Weihnachtsengel, die sie oft als Kinderengel dargestellt haben, wollen uns einladen, uns selber nicht so wichtig zu nehmen, offen und selbstvergessen zu werden wie die Kinder. Sie wollen uns die Leichtigkeit des Seins vor Augen führen und uns einladen, dieser Leichtigkeit zu trauen. Es gibt viele solche Engel, die uns dazu auffordern, das, was uns täglich widerfährt, zu verwandeln. Da ist der Engel der Einfachheit, der uns einlädt, einfach zu leben. Da ist der Engel des Genießens, der uns befreit von dem Zwang, immer nur etwas nach außen vorweisen zu müssen. Da ist der Engel der Verlangsamung, der uns herausreißt aus dem ständigen Getriebensein und der Hektik des Alltags und der unser Leben verlangsamt. Alle 33 Engel, die ich in diesem Buch beschrieben habe, wollen uns das Leben erleichtern. Sie geben keine moralischen Appelle an unseren Willen, sie fordern keine schweren Leistungen ein, sie sind vielmehr schon bei uns. Denn Engel sind schon auf dem Grund unserer Seele bei uns. Sie bringen uns in Berührung mit den Fähigkeiten, die in unserer Seele bereits angelegt sind, die aber von dem Leistungsdruck, unter den wir uns stellen, verschüttet sind. Der Engel der Leichtigkeit, der Engel der Einfachheit, müht sich nicht gewaltsam mit dem Anforderungsdruck ab, um an die Fähigkeiten auf dem Grund unserer Seele zu gelangen. Er schaut sich einfach die

gewichtige Last an, die auf uns liegt, und hebt sie spielerisch, mit Leichtigkeit und Humor, empor. Er setzt seine Flügel ein und lässt das Schwere nach oben fliegen, macht es leicht und hebt es hinaus über den Alltag, damit es uns nicht mehr belastet.

Ich kenne so viele Menschen, die das Leben schwernehmen. Für sie alle habe ich diese Engel ausgesucht, die Ihnen, liebe Leserin, lieber Leser, das Leben etwas leichter machen wollen.

Sie sollten meine Gedanken über die Engel auch nicht mit allzu ernstem Gesicht lesen und nicht allzu sehr darüber nachgrübeln. Lassen Sie sich einfach anstecken von der himmelwärts gerichteten Leichtigkeit der Engel. Trauen Sie den Engeln zu, dass sie auch Sie unter ihre Fittiche nehmen, Sie beschützen und Ihre Seele mit der Kraft der Hoffnung und dem Gefühl der Freiheit beflügeln. Eine Seele, die beflügelt ist, lebt leichter. Sie kann immer wieder aus Situationen herausfliegen, um alles von oben, von einer höheren Warte aus, anzuschauen, es mit Humor zu sehen und leichter zu nehmen.

So wünsche ich Ihnen, dass Sie mit Papst Johannes XXIII. sagen können: „Giovanni, nimm dich nicht so wichtig." Du hast Flügel an deiner Seele. Traue ihnen. Sie tragen dich mit Leichtigkeit durch das Leben.

# 1. Der Engel
## der Einfachheit

*W*ir sagen oft: „Das Leben ist nicht so einfach." Und es gibt manche Gründe dafür, es so zu sehen. Oft machen wir es uns allerdings selber schwer. Andere haben dann die Antwort: „Es ist doch ganz leicht. Lebe einfach!" Und sie haben recht: Im Grunde ist es ganz einfach, einzusehen, wie das Leben gelingt. Doch wir machen uns oft komplizierte Gedanken und lähmen uns selbst damit. Da bräuchten wir den Engel der Einfachheit, der uns die schwer verständlichen Dinge unseres Lebens verstehen lässt. Dieser Engel will uns die Wirklichkeit nicht nur neu sehen lehren, er will uns auch einführen in einen einfachen Lebensstil. Einfachheit meint freilich nicht nur den Lebensstil, sondern auch die Haltung des Menschen. Marc Aurel, der Philosoph und Kaiser, versteht unter Einfachheit, seine Aufgabe ohne Nebenabsichten zu erfüllen, sich nicht von Leidenschaften bestimmen zu lassen und frei von all den Illusionen zu sein, die man sich häufig über das Leben macht.

Einfach ist der Mensch, der mit sich selbst eins ist. Die Bibel gebraucht dafür das Wort „haplous". Jesus spricht vom einfachen und klaren Auge, das ohne Nebenabsichten ist.

„Wenn dein Auge einfach (haplous) ist, dann wird dein ganzer Körper hell sein" (Lk. 11,34). Das einfache Auge sieht die Dinge, wie sie sind. Es projiziert nicht die eigenen Bedürfnisse oder Emotionen in die Dinge und in die Menschen hinein. Wenn wir wieder mal ein trübes Auge haben und unsere verdrängten Leidenschaften auf andere projizieren, dann bräuchten wir den Engel der Einfachheit, der uns die Augen reinigt, damit sie einfach und klar werden.

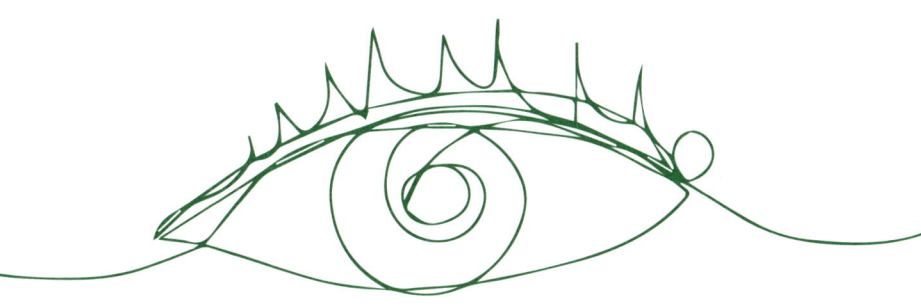

Einfach – das meint nicht einfältig oder simpel. Einfachheit ist Zeichen eines reifen Menschen. Wer reif geworden ist, der ist auch in sich und mit sich eins geworden. Seine innere Einheit wird sich auch auf die Beziehung zu anderen Menschen auswirken. Er wird ihnen gegenüber klar sein, weil er sich nicht darstellen oder inszenieren muss. Er kann es sich erlauben, einfach da zu sein. Seine Einfachheit im Denken und in seiner Ausstrahlung wirkt befreiend und einend. In seiner Nähe wird einem etwas klar, da klärt sich das Trübe auch in uns und wir blicken durch.

Wenn der Engel der Einfachheit uns zu dieser klaren Ausstrahlung führt, dann werden wir selbst für die Menschen zu einem Engel, der ihr Leben klärt und einfach werden lässt.

Der Engel der Einfachheit will uns zeigen, dass das einfache Leben immer auch das glückliche Leben ist. Das hat Jean Paul verstanden, wenn er schreibt: „Man kann die seligsten Tage haben, ohne etwas anderes dazu zu gebrauchen als blauen Himmel und grüne Frühlingserde."

Der Engel der Einfachheit möchte uns zu diesem Leben inspirieren, das uns zum Glück führt. Er möchte, dass wir fähig werden, das wahrzunehmen und zu genießen, was uns täglich vor Augen liegt: den blauen Himmel und die fruchtbare Erde.

# 2. Der Engel
## des Genießens

"Wer nicht genießen kann, wird ungenießbar", sagt das Sprichwort. Doch genießen will gelernt sein. Genuss hat in der christlichen Tradition meist eine schlechte Presse. In der frühen Kirche gab es immer wieder Theologen, die dem Genießen und allem Lustvollen gegenüber skeptisch waren und vor dem Hedonismus (der Genuss-Sucht) warnten. Der griechische Philosoph Epikur galt als Vertreter des Hedonismus. Doch das Genießen gehört wesentlich zum Menschen. Es führt in wahre Lebendigkeit. Und die Freude, die wir dabei erfahren, ist etwas anderes als ein hektisches Vergnügen, das immer auf der Jagd ist nach neuen Reizen.

Genießen kann nur, wer auch verzichten kann. Gegenüber einer Verteufelung des Genusses hat der heilige Augustinus eine eigene Theologie des Genießens entfaltet. Für ihn ist das Ziel des geistlichen Lebens die „fruitio dei", das Genießen Gottes. Er unterscheidet zwischen „frui" = genießen und „uti" = gebrauchen, benutzen. Das Frui gilt vor allem einer Person, das Uti einer Sache. Ich kann eine gute Speise, die Schönheit eines Bildes oder einer Musik genießen. Dann – so sagt Augustinus – bin ich ganz bei der Speise, beim Bild und bei der Musik. Wenn ich jedoch das Essen nur als Bedürfnisbefriedigung benutze, dann genieße ich nicht wirklich, dann stopfe ich mit Essen nur meine innere Leere zu. Wenn ich die Liebe eines Menschen genieße, benutze ich den anderen nicht zur Befriedigung meines Bedürfnisses nach Nähe. Ich bin vielmehr beim anderen und seiner Liebe.

Der Engel des Genießens möchte uns das Genießen als Kunst lehren.

Er will uns den Geschmack des Lebens in seiner ganzen Fülle spüren lassen. Genießen – so zeigt es uns die mystische Theologie, die sich auf den heiligen Augustinus beruft – gehört zu unserer Spiritualität. Das Ziel unseres Lebens wird das Genießen Gottes im ewigen Leben sein. Wenn wir hier das Leben genießen, ein Gespräch mit einem Freund, ein gutes Essen, einen reifen Wein, ein berührendes Konzert, das Wandern in einer schönen Landschaft, dann berühren wir im Genießen die Spur Gottes. Genießen hat immer mit Schönheit zu tun. Und die Schönheit ist die Spur, die Gott in unsere Welt eingegraben hat. In der Freude am Schönen und im Genießen erahnen wir immer etwas von dem besonderen Geschmack Gottes. Die mystische Theologie des Mittelalters – die vor allem Frauenmystik war – hat immer wieder von der „dulcedo dei", von der Süße Gottes, gesprochen.

So wünsche ich Ihnen den Engel des Genießens, der Sie spüren lässt, dass das Leben schön ist und der Sie in die Kunst des Genießens einführt, in ein Genießen, das kein Benützen und Gebrauchen ist, sondern innere Freude über das, was Gott Ihnen in der Schönheit dieser Welt schenkt.

# 3. Der Engel der Verlangsamung

*H*eute leiden viele Menschen an der ständigen Beschleunigung. Vor allem unser beruflicher Alltag hat die Aufgaben verdichtet, so sehr, dass es uns manchmal den Atem zu rauben droht. Hektik und Stress sind die Folgen eines immer schnelleren Tempos der Welt. Bei vielen kommt aber die Seele nicht mehr mit. Berater und Psychologen empfehlen uns, einem Burn-out vorzubeugen, indem wir unser Leben verlangsamen. Der heilige Benedikt dagegen fordert vom Cellerar, dem wirtschaftlichen Leiter des Klosters, dass er nicht langsam sein soll. Und in der Tat: Es gibt auch eine Langsamkeit, die lähmt. Sie ist Zeichen dafür, dass wir zu viel Energie für etwas anderes verwenden. Daher geht uns die Arbeit nur zäh von der Hand.

Aber es gibt auch eine gute Langsamkeit, in der wir ganz in dem sind, was wir gerade tun. Der Engel der Verlangsamung möchte uns in diese positive Langsamkeit einüben und so zu einem bewussten und achtsamen Leben inspirieren. Es gibt ein berühmt gewordenes Buch mit dem Titel „Die Entdeckung der Langsamkeit". Sten Nadolny erzählt hier die Geschichte eines bekannten Entdeckers. Diese Geschichte besagt, dass gerade der langsame Mensch besonders wahrnehmungs-fähig ist, weil er Dinge sieht, an denen andere achtlos vorbeihasten, und dass er gerade aufgrund seiner Beharrlichkeit Erfolg hat und die Menschheit weiterbringt.

Wenn ich selber spüre, dass ich in Gefahr bin, innerlich angespannt und dadurch hektisch zu werden, bitte ich den Engel der Verlangsamung, meine Schritte und mein Denken zu verlangsamen. Wenn ich an den Engel der Langsamkeit denke, dann gehe ich bewusst etwas langsamer. Und ich beginne, langsamer zu atmen. Dann spüre ich eine innere Freiheit. Mitten in der äußeren Beschleunigung verlangsame ich meinen Gang und beruhige meine Gedanken. Das tut mir gut. Ich bin dann wieder bei mir.

In meinem klösterlichen Alltag lädt mich der Engel der Verlangsamung öfter ein, auf ihn zu hören. Wenn ich zur Mittagshore gehe – und manchmal leider erst im letzten Augenblick ankomme –, dann wird die Hektik des Vormittags, die es auch bei meinen Beschäftigungen im Kloster gibt, einfach unterbrochen. Liturgie ist immer Verlangsamung des Lebens. Ich tue bewusst etwas, das zweckfrei ist. Ich lasse mir Zeit für das Psalmensingen, für das ruhige Aufstehen und Hinsetzen, für das aufmerksame Hören der Lesung. Jetzt nimmt mich der Engel der Langsamkeit an die Hand und sagt mir: „Du brauchst jetzt gar nichts zu tun. Du brauchst auch nicht daran zu denken, wie du das Pensum des heutigen Tages noch schaffst. Jetzt bist du einfach nur da. Genieße diesen Augenblick der Langsamkeit. Dann wird nachher die Arbeit auch wieder fließen, ohne Hektik, aber doch mit einer großen Effektivität." Gott sei Dank erinnere ich mich oft gerade dann, wenn mein Terminkalender ganz voll ist, dass da zwischen den Terminen der Engel der Verlangsamung bei mir ist. So kann ich trotz der Termine immer wieder die langsamen Augenblicke genießen.

# 4. Der Engel des Widerstands

*E*s kommt immer wieder einmal vor: Ich will meditieren und spüre in mir einen inneren Widerstand. Ich denke: Ich brauche mehr Disziplin, damit ich wirklich täglich meditiere.

Oder ich bin in einer Diskussion und wir sind nahe daran, uns auf ein Projekt zu einigen. Aber ich spüre auf einmal, dass sich da ein Widerstand in mir regt.

Oder ich lasse mich auf ein Gespräch mit jemandem ein und merke auf einmal bei dem, was der andere sagt, dass in mir etwas auftaucht, was widerstrebt, dass sich etwas sträubt.

Mein erster Gedanke bei einem solchen Widerstand ist dann oft, mir zu sagen: Sei doch nicht so engstirnig. Ich versuche mir einzureden, dass ich eigentlich diese inneren Widerstände doch übergehen oder überwinden sollte. Spricht denn nicht alles für diese Lösung? Und müsste ich mich nicht doch einfach auf diesen Menschen mit seinen Problemen einlassen?

Doch im Laufe meiner langjährigen Arbeit in der Begleitung von Menschen habe ich erkannt, dass in einem solchen inneren Widerstand ein Engel zu mir kommt. Er ist wie der Engel, der sich dem Seher Bileam in den Weg stellte. Wir kennen die Geschichte: Bileam wird zum König Balak gerufen und aufgefordert, er solle das Volk Israel verfluchen. Balak bietet ihm viel Geld an. Also macht sich Bileam auf den Weg. Doch immer wieder stellt sich ein Engel des Herrn in den Weg. Der Esel, auf dem Bileam reitet, sieht den Engel und bleibt jeweils stehen. Bileam wird zornig und schlägt den Esel. Erst beim dritten Mal sieht Bileam nun selbst den Engel, auf den ihn sein Esel hinweist. Der Engel sagt zu ihm: „Kehre um, der Weg ist zu abschüssig für dich." Es ist also gut, dass der Engel sich in den Weg stellt. Bileam würde sich überfordern. Sein Weg würde ihn in den Abgrund, in das Verderben führen.

So habe ich gelernt, in jedem Widerstand, den ich in meiner Seele spüre, den Engel zu sehen. Und ich frage ihn in einer solchen Situation, was er mir sagen möchte. Vielleicht stellt er sich mir in den Weg, weil dieser Weg, den ich im Blick habe, zu abschüssig ist. Vielleicht ist es eine Sackgasse, in die mich mein Ehrgeiz, meine Gier, meine Sucht nach Erfolg geführt haben.

Der Engel stellt sich in den Weg und leistet mir Widerstand, damit ich innehalte und genau hinhöre, was wirklich für mich stimmt.

So habe ich im Lauf der Zeit ein Gespür dafür bekommen, dass der Widerstand immer einen Sinn hat. Es ist immer ein Engel, der mir Widerstand leistet, der meine eigenen ehrgeizigen Ziele hinterfragt, der mir zeigt, dass da in der Gesprächsführung, in dem Vorhaben, in dem Projekt etwas nicht stimmt.

Wenn ich gegenüber einem Menschen Widerstand spüre, dann ist damit nicht Kritik am anderen gemeint, und es soll auch nicht mein Vorurteil gegenüber diesem Menschen zementiert werden. Ich frage den Engel vielmehr, was er mir mit diesem Widerstand sagen möchte. Vielleicht will er mich darauf hinweisen, dass ich genauer hinschauen sollte, was das für ein Mensch ist, mit dem ich gerade spreche oder mit dem ich etwas vorhabe. Er hilft mir, den anderen besser zu sehen. Oder er lädt mich ein, genauer auf meine eigenen Gefühle zu hören, damit ich mich im Gespräch mit dem anderen nicht verbiege, sondern das einbringe, was mir wirklich wichtig ist.

# 5. Der Engel der Ausgepowerten

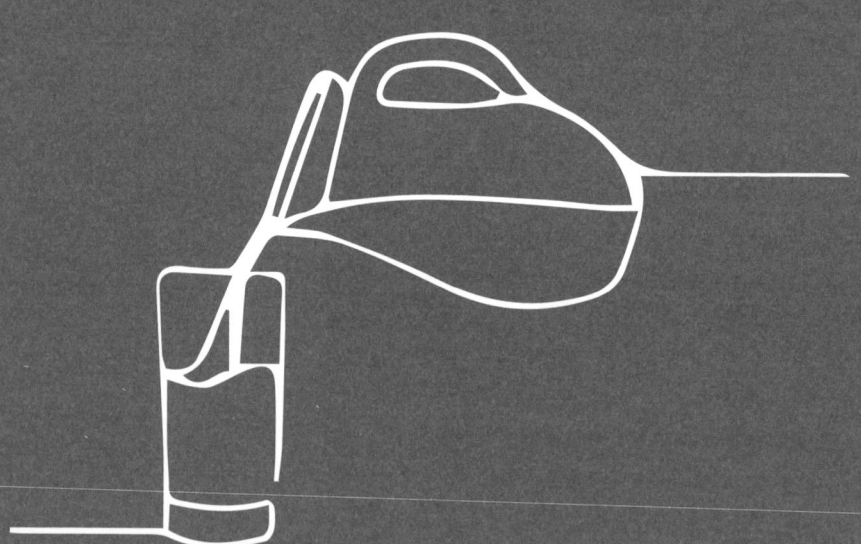

*A*usgepowert fühlen sich heute viele Menschen. Es gibt sogar ein Modewort dafür: Burn-out. Man fühlt sich müde, ausgebrannt, erschöpft, man spürt keine Kraft mehr in sich. Manche meinen dann, sie hätten zu viel gearbeitet, und das habe ihnen alle Energie geraubt. Doch meistens ist es nicht die Arbeit. Es gibt andere Gründe – etwa den Druck, unter den ich mich selber setze –, die zum Burn-out führen. Vielleicht stecke ich zu viel Energie in meine Fassade. Oder ich handle nicht aus meiner inneren Mitte heraus, sondern achte ständig nur auf die Erwartungen der anderen. Deren Erwartungen oder Ansprüche zerren an mir. Sie zerreißen mich, weil jeder etwas anderes von mir will. So bin ich hin- und hergerissen zwischen den verschiedenen Ansprüchen und weiß doch: Ich werde sie nicht erfüllen können.

In solchen Situationen ist der Engel der Ausgepowerten eine Hilfe. Er möchte mit dir zusammen genauer anschauen, was dir deine Kraft raubt. Und er möchte dir Hinweise geben, damit du besser auf dich achtest. Der Engel möchte dich begleiten, damit du einfach nur das tust, was gerade dran ist, ohne dass du dir viele Gedanken darüber machst, was die anderen über dich denken könnten. Dieser Engel schaut dir zu, welche Gedanken in dir auftauchen, und gibt dir einen kleinen Stoß, wenn du dir zu viele Gedanken über alle Eventualitäten machst.

Der Engel der Ausgepowerten macht es bei dir wie beim Propheten Elija, von dem erzählt wird, dass er ausgebrannt, erschöpft und müde unter dem Ginsterstrauch lag. Elija hatte sich hingelegt, weil er keine Lust mehr hatte, weiterzukämpfen. Er hatte eingesehen, dass er letztlich gegen etwas gekämpft hatte, das auch in ihm selber war. Er wusste auf einmal: „Ich bin ja nicht besser als meine Väter."

Diese Einsicht raubt ihm alle Kraft, zu kämpfen. Doch der Engel stößt ihn an und sagt: „Steh auf und iss!" Elija steht auf und isst das Brot, das neben ihm liegt, und trinkt Wasser aus dem Becher. Doch dann legt er sich wieder hin und schläft wieder ein. Das ist tröstlich. Man sieht: Der Engel der Ausgepowerten hat Geduld. Und er hat Humor. Der Engel weckt den Propheten nochmals auf und sagt noch einmal das Gleiche. Jetzt hat es auch der große Prophet verstanden. Er steht auf und isst und trinkt erneut und wandert in der Kraft dieser Speise 40 Tage und Nächte zum Gottesberg Horeb.

Der Engel der Ausgepowerten möchte auch dich anstoßen, immer wieder. Und er verweist dich auf das Brot, das dich stärkt, und auf das Wasser, das dich erfrischt. Der Engel zeigt dir, wo deine Quellen sind und was dir neue Kraft verleihen möchte. Bitte ihn, dass er dich wie den Propheten Elija aufrüttelt. Dann kannst du weitergehen und wirst auf einmal mehr Kraft spüren, als du vorher hattest. Der Engel wird dich begleiten und deine Seele beflügeln, damit du dich über die Probleme des Alltags erheben kannst und dich nicht mehr erdrücken lässt von allem, was auf dich einstürmt und dich zu überfordern droht.

# 6. Der Kleine-
# Pausen-Engel

*P*ause meint ein Innehalten. Sie ist eine Unterbrechung meiner Tätigkeit, um mich zu erholen, um mir neue Kraft und neue Ideen zu holen. Die Griechen singen das Lob der Pause: „Anapausis" ist nicht nur die zeitliche Pause, sondern auch das Aufatmen. In der Pause atme ich auf, komme ich zu mir. Viele meinen, sie müssten an einem Stück arbeiten. Sie hätten so viel zu tun, dass sie sich keine Ruhe gönnen dürften. Die Mittagspause wird auf ein Minimum verkürzt. Hauptsache, man wird mit seiner Arbeit fertig. Doch das ist ein Trugschluss. Da bräuchten wir den „Kleine-Pausen-Engel", der uns einlädt, innezuhalten, damit wir im Innern wieder Halt finden, damit im Innern neue Ideen hochkommen und neue Kraft in unsere Seele strömt. Wer pausenlos arbeitet, ist bald erschöpft. Und seine Arbeit

ist wenig kreativ. In der Pause kommen die großen Ideen. Wenn wir immer weiter arbeiten, sind wir in einem Trott gefangen. Wir gehen nur in eine Richtung. Der Kleine-Pausen-Engel möchte uns auf die Schulter tippen und sagen: „Mach mal Pause. Atme mal ganz ruhig durch. Sieh dich um. Schaue einfach einmal durchs Fenster, nimm die schöne Natur wahr. Oder leg dich ein paar Minuten hin. Gönne es dir, gar nichts zu tun. Dann kommen von allein neue Gedanken, die deine Arbeit befruchten. Und du hast wieder mehr Frische und mehr Lust, dich von Neuem deiner Arbeit zuzuwenden."

Der Engel der kleinen Pausen meint es gut mit dir. Höre auf ihn. Denn er bringt dich in Berührung mit der Weisheit deiner Seele. Und die ist eine bessere Quelle als das ständige Pauken fremden Wissens oder das ununterbrochene Powern bei der Arbeit. Der „Kleine-Pausen-Engel" schützt dich vor Leerlauf und Hektik. Und er gibt dir die Freude am Leben und am Arbeiten zurück.

# 7. Der Engel, der hilft, die Ärmel hochzukrempeln

*M*anchmal stehen wir vor Aufgaben, die uns allzu schwer vorkommen. Die Arbeit steht vor uns wie ein hoher Berg, schier unüberwindlich. Es kommt uns vor wie in dem Märchen von dem Vogel, der den Berg abtragen soll, indem er seinen Schnabel am Stein wetzt. Wir meinen, wir würden es nie schaffen, all das zu bewältigen, was zu tun ist. Da braucht es einen Engel, der uns hilft, die Ärmel hochzukrempeln und einfach anzupacken. Manchmal ist ein Freund so ein Engel. Wir klagen ihm, dass zu viel Arbeit da ist. Und dann ermutigt er uns und sagt: „Krempeln wir die Ärmel hoch und ran an die Arbeit!" Er geht mit gutem Beispiel voran und packt einfach mit an. Das steckt uns dann an. Auf einmal haben wir Lust, die Arbeit zu tun. Wir feuern uns gegenseitig an. Und in kurzer Zeit ist die Arbeit getan.

Ich kann mich an eine Szene erinnern, in der mir ein solcher Engel begegnet ist. Ich war mit Jugendlichen im Steigerwald wandern und wir kamen nach einigen Stunden müde zum Winkelhof zurück. Da war gerade ein Lastwagen voller Dachziegel angekommen. Wir sollten diese Ziegel abladen, hatten aber keine große Lust dazu. Da stieg Jeremias, der Mitbruder, der mit mir die Wanderung geleitet hatte, auf den Wagen und feuerte mich und die Jugendlichen an. Ich hatte damals gerade ein Buch geschrieben mit dem Titel „Glauben als Umdeuten". Und auch bei der Wanderung hatte ich vom Glauben als Umdeuten gesprochen. Da meinte Jeremias: „Los! Wir probieren aus: Glaube als Umschichten." Auf einmal machte es allen Spaß, die Ziegel abzuladen und auf den Platz vor der Scheune umzuschichten.

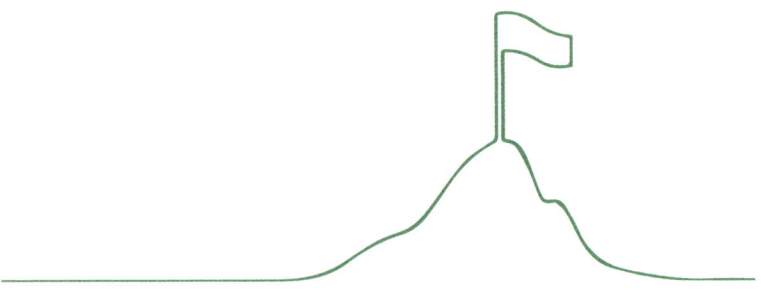

Und in kurzer Zeit war die Arbeit getan.

Der Engel, der uns hilft, die Ärmel hochzukrempeln, arbeitet nicht mit moralischen Appellen. Er appelliert nicht an unseren guten Willen oder an unseren Ehrgeiz. Vielmehr kommt er leicht daher. Er macht ein paar Witze und schon fällt es uns leicht, uns miteinander ans Werk zu machen. Und indem wir mit ihm gemeinsam die Ärmel hochkrempeln, bekommen wir Lust an der Arbeit. Es macht auf einmal Spaß, miteinander etwas zu tun und etwas zu bewegen. Wir spüren die Last der Arbeit nicht, weil die Lust die Last verwandelt hat. Wenn du morgens in dein Büro kommst und vor lauter Aktenbergen nicht siehst, wo du anfangen sollst, dann bitte doch einfach den Engel, dir zu helfen, die Ärmel aufzukrempeln und eines nach dem anderen zu erledigen. Du wirst sehen, dass du dann nicht mehr stöhnst unter der Last, sondern dass es dir sogar Freude bereitet, eines nach dem andern aufzuarbeiten. Dann wird der Aktenberg immer kleiner. Oder wenn du Handwerker im Haus hattest und jetzt die ganze schmutzig gewordene Wohnung putzen sollst, dann bitte den Engel, mit dir zusammen die Ärmel hochzukrempeln. Und dann putzt du einen Raum nach dem anderen. Vielleicht kannst du manchmal selber zum Engel werden, der deine Kinder anspornt, mit dir gemeinsam die Wohnung zu putzen. Und wenn du es so leicht und spielerisch anfängst, wie es der Engel tut, dann macht euch die Arbeit auf einmal Spaß. Ihr spürt, wie gut es tut, gemeinsam etwas zu machen, euch gegenseitig anzufeuern, damit die Lust an der Arbeit anhält, bis alles getan ist, was anstand.

# 8. Der Engel
# der Selbstsorge

*E*ltern sorgen für die Kinder, dass sie genügend zu essen haben, dass sie eine gute Ausbildung bekommen und dass es ihnen gut geht. Der Chef sorgt sich für seine Mitarbeiter, dass sie eine gute Arbeitsstelle haben, die ihnen Spaß macht. Wir machen uns Gedanken, wenn es dem Freund schlecht geht, und wir fühlen mit ihm. Wir kümmern uns um den, der uns von seinen Problemen erzählt. Doch bei aller Sorge und Hilfe für andere vergessen wir oft die Sorge für uns selbst. Wir merken es erst, wenn wir müde geworden sind und keine Lust mehr haben zu helfen. Oder wenn wir empfindlich geworden sind gegenüber Kritik, wenn wir schnell zu weinen beginnen, sobald etwas unser Leben durchkreuzt. Dann bräuchten wir den Engel der Selbstsorge. Der Engel mahnt uns nicht mit erhobenem Zeigefinger, für uns selbst zu sorgen. Er lädt uns vielmehr dazu ein, auch einmal an uns zu denken und zu überlegen, was wir brauchen, was uns guttut. Der Engel der Selbstsorge schenkt uns ein gutes Gewissen, wenn wir uns einmal etwas gönnen und uns einfach einmal hinsetzen und ein Buch lesen oder wenn wir uns Zeit nehmen, einen Spaziergang zu machen. Der Engel der Selbstsorge sagt jedem von uns: „Du bist wichtig. Du bist aber nicht unbegrenzt belastbar. Du bist nicht Gott, der immer aus dem Vollen schöpfen kann. Du hast Grenzen. Du brauchst Zeit für dich selbst, damit deine innere Quelle wieder sprudelt. Du kannst die Quelle in dir nicht leer trinken. Die Quelle fließt in ihrem Rhythmus. Sie gibt dir genügend Kraft, wenn du dich diesem Rhythmus anpasst. Aber wenn du sie auf einmal ausschöpfst, dann wird sie leer und kann sich nicht mehr regenerieren. Sorge dafür, dass die Quelle

immer gut sprudelt, und gehe sorgfältig mit ihr um. Und gehe sorg-
sam mit dir selber um, mit deiner Seele und mit deinem Leib."

Der heilige Benedikt mahnt den Cellerar, er solle stets auf seine Seele
achten. Seine Mahnung wird so für den Cellerar zum Engel der Selbstsorge. Auf seine Seele achten, das bedeutet, dass ich auf die Gefühle
achte, die in mir hochkommen. Wenn ich morgens aufstehe, soll ich
darauf achten: Gehe ich gerne in den Tag, habe ich Lust, zur Arbeit
zu gehen? Oder spüre ich innere Müdigkeit, regt sich Widerstand
gegen die Tretmühle des Alltags? Kommt Unlust auf, wenn ich an
diesen oder jenen Termin denke? Solche Gefühle ernst zu nehmen, ist
ein wichtiger Teil der Selbstsorge. Solange mir alles Spaß macht und
alles gut fließt, muss ich mich nicht um mich sorgen. Doch wenn ich
mich ausgenutzt fühle, wenn ich in Gefahr bin, bitter zu werden, weil
man meinen Einsatz nicht würdigt, ist das ein Alarmzeichen. Dann
tritt der Engel der Selbstsorge auf den Plan und sagt: „Geh gut mit
dir um. Sorge für dich, damit du weiterhin gerne für andere sorgen
kannst. Achte auf deine eigenen Bedürfnisse, sonst wirst du ärgerlich
über die vielen Bedürfnisse deiner Mitmenschen. Vergiss dich selber
nicht. Dann kannst du auch zum Segen werden für andere."

# 9. Der Engel des Nachgebens

*D*er Klügere gibt nach", so sagt das Sprichwort. Das trifft oft zu. Aber nicht immer. Wenn ich ständig nachgebe, werde ich nie etwas erreichen. Und wenn ich immer nachgebe, verliere ich meine Kraft. Ich kann meine Wünsche nicht leben, richte mich immer nur nach den anderen und verbiege mich selbst dabei. Das ist es nicht, was der Engel des Nachgebens möchte. Der Engel des Nachgebens will mich dafür sensibilisieren, wo es gut ist, nachzugeben, und er möchte, dass ich erkenne, wo es angebracht ist, bei mir und meinen Wünschen und Haltungen zu bleiben.

Manchmal wollen wir nicht nachgeben, weil wir uns dann als Verlierer fühlen. Oder wir werden bitter, weil der andere sich mit seiner Sturheit immer durchsetzt, oft genug auf unsere Kosten. Der Engel des Nachgebens will uns genau davor bewahren, dass wir uns als Verlierer fühlen. Er ist ein Engel, der mir immer einen klugen Rat gibt. Klugheit – lateinisch: prudentia – hat mit Voraussicht – providentia – zu tun. Der Engel des Nachgebens sieht voraus, welche Folgen mein Tun hat. Das deutsche Wort „klug" hat viele Bedeutungen. Es bedeutet: fein und zart, aber auch tapfer und gebildet, weise. Der kluge Engel des Nachgebens bewahrt mich vor der Feigheit und macht mir aber auch klar: Nachgeben kann eine Form von Tapferkeit sein. Und immer ist es eine Form der Weisheit, wenn es richtig eingesetzt ist. Als Cellerar muss ich viele Sitzungen halten. Und da prallen die Meinungen immer aufeinander. Ich versuche zwar, einen Konsens herzustellen. Aber wenn ich nur den Stimmen nachgebe, die am lautesten sind, habe ich kein gutes Gefühl. Dann wird Nachgeben wirklich

leicht zur Schwäche. Manchmal spüre ich auch, dass ich mich weigere, nachzugeben, weil ich meine eigene Stärke demonstrieren und mein Gesicht nicht verlieren will. Dann spüre ich, dass die Motive, die mich vom Nachgeben abhalten, nicht lauter und klar sind, sondern dass sie meinem Ehrgeiz, meinem Ego, meiner Empfindlichkeit entspringen. In solchen Fällen brauche ich den Engel des Nachgebens, der mir Mut macht, in aller Tapferkeit nachzugeben, und der mir weise zulächelt: „Es ist klüger, jetzt nachzugeben. Dein Nachgeben eröffnet neue Möglichkeiten. Wenn ihr beide stur bleibt, dann blockiert ihr euch gegenseitig. Aber du sollst dich nicht als Verlierer fühlen. Wenn du jetzt nachgibst, kannst du deine wahren Pläne besser durchsetzen. Du sollst dich also nicht aufgeben, sondern klug überlegen, was die beste Strategie ist, deine Ziele zu erreichen."

Es gibt viele Situationen, in denen wir den Engel des Nachgebens brauchen. Da ist beispielsweise die ganz alltägliche Frage, was die Mutter kochen soll. Soll sie ständig den Wünschen der Kinder nachgeben oder so gesund kochen, wie sie es für richtig hält? Da steht die Frage an, was die Familie am Wochenende machen soll oder wohin man in den gemeinsamen Urlaub fährt. In solchen Situationen ist es gut, seine Wünsche zu äußern. Nur wenn alle ihre Wünsche auch wirklich formulieren, kann man darüber ins Gespräch kommen. Manchmal klärt sich im Gespräch von alleine, was für alle am besten ist. Manchmal gibt es aber auch die Situation, dass der Mann oder der Sohn oder die Tochter unbedingt ihren Wunsch durchsetzen wollen. Dann braucht es den Engel des Nachgebens. Der sagt nicht sofort: „Gib nach!" Er führt uns vielmehr zuerst ins eigene Herz. Er prüft mit uns unsere Gedanken und die eigenen Gefühle. Er fragt: „Wenn ich nachgebe, fühle ich mich dann innerlich frei? Oder werde ich ärgerlich, weil ich immer nur die Wünsche der anderen erfüllen muss, auf meine Wünsche aber niemand hört?" Der Engel des Nachgebens rät mir nur dann, nachzugeben, wenn ich mit meiner Klugheit in Berührung komme. Wenn das Nachgeben nur Ärger und Bitterkeit in mir hervorruft, rät mir der Engel, nicht sofort nachzugeben, sondern meine Gefühle auch zu äußern. Und wenn ich sie geäußert habe und mit meinen Gefühlen ernst genommen werde, dann kann ich den Engel des Nachgebens nochmals fragen, was ich jetzt tun soll. Dann wird er mir sicher einen klugen Rat geben.

# 10. Der Engel
# des Segens

*D*er Engel des Segens begleitet mich auf meinen Wegen. Er beschützt mich. Er hüllt mich mit dem Segen Gottes ein wie mit einem schützenden Mantel. Und er begleitet mich bei allem, was ich in die Hand nehme, damit von mir Segen ausgeht und das Werk meiner Hände gesegnet ist. Ich bitte ihn, dass er bei mir ist in den Gesprächen, die ich mit Menschen führe, die in innerer Not sind. Der Engel des Segens gibt mir Vertrauen, dass das Gespräch diesem Menschen zum Segen wird. Er nimmt mir den Druck, nur ja alles richtig machen zu müssen. Und er befreit mich von der Angst, ich sei nicht sensibel genug für diesen Menschen. Ich bitte den Engel des Segens auch, dass er bei uns ist, wenn wir gemeinsame Sitzungen halten und die Pläne für die nächsten Wochen durchsprechen. Wenn ich ihn an meiner Seite weiß, gehe ich mit Vertrauen in die Sitzung. Ich muss nicht alles selber machen. Ich vertraue darauf, dass das gemeinsame Gespräch für alle Beteiligten und für die Menschen, für die wir arbeiten, Segen bringt.

Vor allem aber brauche ich den Engel des Segens, wenn es im Gespräch um die Lösung eines Konfliktes geht, bei dem mehrere Personen beteiligt sind. Wenn ich allein in ein solches Gespräch gehe, dann spüre ich in mir immer schon die Spannung: Hoffentlich mache ich alles richtig. Hoffentlich geht es nicht zu stürmisch her, hoffentlich werden die Leute nicht verletzend und feindselig. Wenn ich jedoch den Engel des Segens um seine Begleitung und um seinen Schutz bitte und ihn in meiner Nähe weiß, dann bin ich entspannt. Ich achte nicht nur auf das, was die Menschen sagen, ich achte nicht nur auf

ihre Aggressionen und ihre gegenseitigen Vorwürfe. Ich achte dann immer auch auf den Engel. Ich höre, was er dazu sagt und wie er damit umgeht. Im Vertrauen auf ihn werde ich gelassen. Denn dieser Engel führt mich in mein eigenes Herz. Und ich höre auf die leisen Impulse, die mir mein Herz gibt oder die mir der Engel eingibt. Dann finde ich oft Auswege auch aus einem hoffnungslosen Konflikt. Der Engel schenkt mir immer das Vertrauen, dass von diesem Gespräch jetzt Segen ausgeht. Selbst wenn das Gespräch noch keine konkrete Lösung bringt, darf ich doch hoffen, dass es Segen bringt. Es macht alle zumindest nachdenklicher. Und in dieser Nachdenklichkeit wird der Engel irgendwann Segen erstehen lassen.

Bitte den Engel des Segens, dass er dich heute überallhin begleitet. Er begleite dich in deiner Arbeit, dass von ihr Segen ausgeht. Er begleite dich beim Gespräch mit dem schwierigen Kunden. Er begleite dich, wenn du ins Klassenzimmer zu den schwierigen Schülern gehst. Du bist dann nicht fixiert auf die unruhigen Kinder. Der Engel zeigt dir vielmehr, dass auch über ihnen der Segen Gottes ruht. Er lässt dich diese unruhigen Kinder mit hoffnungsvollen und liebevollen Augen anschauen. Und so wird von deinem Unterricht und von deiner Art, den Kindern zu begegnen, Segen ausgehen. Bitte den Engel des Segens, dass er dich heute begleitet, wenn du die kranke Freundin besuchst. Dann musst du dir keine Gedanken machen, was du ihr sagen sollst. Der Engel des Segens nimmt dir die Angst vor der Krankheit deiner Freundin und vor deiner eigenen Hilflosigkeit. Er sagt dir vielmehr: „Geh einfach zu ihr. Das tut ihr gut. Das bringt ihr Segen. Überlege nicht, was du sagst. Sei einfach bei ihr. Ich gebe dir dann schon die Worte ein, die deiner kranken Freundin zum Segen werden."

# 11. Der Engel der Entschiedenheit

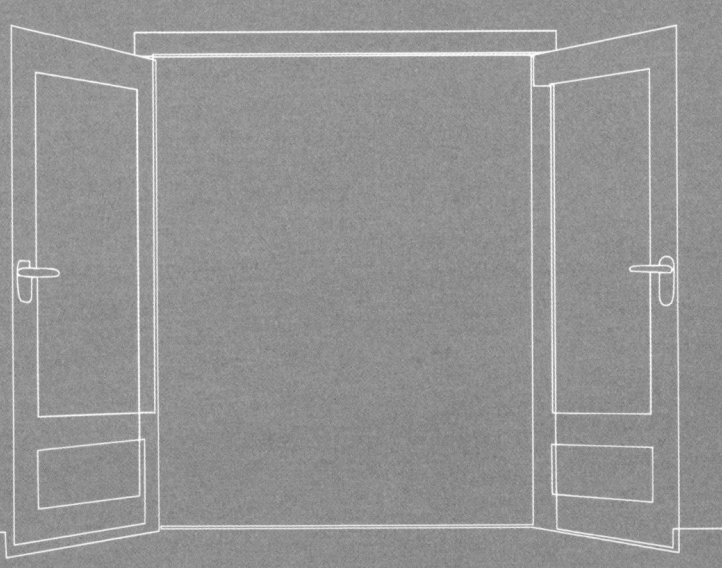

*V*iele Menschen tun sich schwer, sich zu entscheiden. Manche tun sich damit schwer, weil ihnen das Rückgrat fehlt. Sie haben zu wenig väterliche Energie erfahren, die ihnen den Rücken stärkte. Andere wollen immer die absolut richtige Entscheidung treffen und merken dann doch, dass es keine absolut richtige Entscheidung gibt. Sie wollen sich immer alle Türen offen halten und erfahren, dass sich vor ihnen Türen verschließen. Sie haben Angst, sich festzulegen, weil sie dann von anderen kritisiert werden könnten. Aber wir wissen auch: Wenn du keine Entscheidung triffst, machst du alles falsch.

Wenn du dich schwertust, dich zu entscheiden, dann bitte den Engel der Entschiedenheit, dass er dir beisteht. Er kann schnelle und kluge Entscheidungen fällen. Er ist innerlich klar und entschieden. Du spürst ihn, wenn du in dich hineinhorchst. Er spricht zu dir in den leisen Impulsen, die aus dem Grund deiner Seele in dir hochsteigen. Der Engel der Entschiedenheit zeigt dir, wie du dich entscheiden sollst. Sein Rat ist: Entscheide dich immer so, dass von deiner Entscheidung Frieden, Freiheit, Lebendigkeit und Liebe ausgehen.

Manche Menschen verbrauchen zu viel Energie für ihre Entscheidungen. Sie zergrübeln sich den Kopf, ob das alles auch richtig ist und welche Folgen entstehen könnten und was die anderen wohl darüber reden werden. Statt dich solchen Gedanken zu überlassen, wende dich an den Engel der Entschiedenheit. Er ist an deiner Seite und macht dir Mut, alle Hirngespinste und Angst machenden Vorstellungen wegzuschieben, auf deine Intuition zu vertrauen und einfach das zu tun, was dein Herz dir sagt.

Andere Menschen entscheiden sich. Aber dann merken sie plötzlich, dass sie sich damit auch gegen eine andere Möglichkeit entschieden haben. Und sie trauern dem nach, dass vielleicht die andere Möglichkeit doch besser gewesen wäre. Auch dieses Nachtrauern ist Energieverschwendung. Und vor allem hindert es daran, uns wirklich dem zuzuwenden, für das wir uns entschieden haben. Auch da könnte der Engel der Entschiedenheit uns zu Hilfe kommen. Wenn du den Engel an deiner Seite fragst, dann sagt er dir: „Lass alles Nachtrauern. Die Entscheidung, die du getroffen hast, gilt jetzt. Geh den Weg weiter. Du wirst auf diesem Weg sicher auch Schwierigkeiten antreffen. Aber auch wenn es Probleme gibt, wollen sie dir nicht sagen, dass die Entscheidung schlecht war. Dein Weg geht jetzt so weiter, wie du ihn dir durch deine Entscheidung geebnet hast. Und wenn es Hindernisse zu überwinden gilt, dann ist das gerade die Herausforderung, die du brauchst, um innerlich weiterzukommen." Nur wenn du spürst, dass du in einer Sackgasse landest, kannst du nochmals innehalten und den Engel der Entschiedenheit bitten, dir jetzt bei der Entscheidung beizustehen, die in diesem Augenblick fällig ist und einen neuen Weg eröffnet.

# 12. Der Engel
## des rechten
## Augenblicks

*V*iele Menschen sind nie wirklich ganz dort, wo sie gerade sind. Sie sind mit ihren Gedanken entweder noch bei der Arbeit, die sie gerade beendet haben, oder schon bei dem, was alles noch zu tun ist. Oder sie sind gedanklich bei anderen, die ihnen gerade in den Sinn kommen, und nicht bei dem Menschen, der ihnen gerade gegenübersitzt. Und wenn sie durch den Wald gehen, schauen sie nicht auf den Weg und nicht auf die Bäume, sie hören nicht auf den Gesang der Vögel oder das Rauschen des Windes, sondern sie sind innerlich gefangen in ihren Grübeleien. Sie sind nicht im Augenblick, nicht in der Gegenwart. Da täte ihnen der Engel des rechten Augenblicks gut. Er lädt dazu ein, jetzt, in diesem Augenblick, zu sein. Die Gegenwart, dieser Moment ist die rechte, die richtige Zeit. Wenn ich ganz „da" bin, dann wird meine Zeit eine gute Zeit. Wenn ich nicht im rechten Augenblick bin, bin ich gleichsam außerhalb der Zeit. Die Zeit läuft an mir vorbei und ich werde immer hinter ihr herhetzen. Der Engel des rechten Augenblicks lädt mich dazu ein, innezuhalten und in mich hineinzuhorchen. Was bewegt sich jetzt in mir? Welche Gedanken schwirren mir im Kopf herum? Und dann lädt er mich ein, alle diese Gedanken vorbeiziehen zu lassen und mich jetzt auf diesen kleinen Punkt zu konzentrieren, an dem ich gerade bin, auf diesen Ort, an dem ich stehe, und auf diesen Moment, in dem ich gerade bin.

Es ist immer eine kostbare Zeit, wenn ich mich vom Engel in den rechten Augenblick führen lasse. Da gibt es keine Vergangenheit und keine Zukunft. Ich muss nicht bearbeiten und nochmals durchden-

ken, was längst vorbei ist. Ich brauche mich nicht um die Zukunft
zu sorgen und mir Gedanken über das Künftige zu machen. Ich bin
einfach in diesem Augenblick. Und in diesem Augenblick ist alles
versammelt. Da bin ich eins mit Gott und mit mir, da bin ich eins
mit der Zeit, da stehe ich selber still und bin einfach ganz da.

# 13. Der Engel, der uns Zeit lässt

*E*ine Frau erzählte mir: „Sogar beim Bügeln setze ich mich unter Druck. Ich überlasse mich nicht einfach dem, was ich tue, sondern sage mir: In einer halben Stunde musst du fertig sein. Dann bin ich die ganze Zeit unter Druck, ob ich das auch wirklich schaffe." Diese Frau ist keine Ausnahme. Immer wieder höre ich die Klage: Ich stehe unter Druck. Ich habe keine Zeit, mir in aller Ruhe zu überlegen, was ich tun soll, wie ich mich entscheiden soll. Immer muss ich alles sofort erledigen, was mein Chef von mir will. Die Kinder wollen sofort, dass ich auf ihre Bitten eingehe und ihnen auf ihre Fragen antworte. Auch der Pfarrer möchte sofort eine Entscheidung, ob ich beim Pfarrfest mithelfe oder ob ich bei der Firmvorbereitung eine Gruppe übernehme. Alles geht mir zu schnell. Vor lauter Druck treffe ich oft die falschen Entscheidungen. Ich sage Ja, obwohl ich eigentlich Nein sagen wollte. Und ich ärgere mich, dass ich mich wieder habe überrumpeln lassen.

Meist sind wir es selber, die uns antreiben, und wenn wir in einer solchen Situation sind, da bräuchten wir den Engel, der uns sagt: „Lass dir Zeit. Lass dich nicht antreiben. Du solltest dir nicht von anderen vorschreiben lassen, wann du dich entscheidest und wann du das oder jenes tust. Du bist nicht dazu da, alle Erwartungen der anderen zu erfüllen. Du musst dich auch nicht selber unter Druck setzen. Sei du selbst. Lass dir Zeit. Es ist dein Leben. Erlaube es dir, einfach nur da zu sein."

Wenn du spürst, wie du unter Druck gerätst, dann halte inne und lade den Engel ein, der dir Zeit lässt. Unterhalte dich mit ihm und achte auf seinen Rat. Er sagt dir: „Warum setzt du dich denn unter Druck? Was willst du denn nachher tun? Du sagst, dann willst du dich endlich einmal ausruhen. Aber wenn du dir Zeit lässt, dann ist die halbe Stunde, in der du bügelst, schon ein Ausruhen, dann erlebst du die ganze Zeit als ruhige Zeit, die dir gehört. Lass dich also nicht antreiben. Sei ganz in dem, was du jetzt gerade tust." Wenn du auf diesen Rat des Engels hörst, dann ist auch die Zeit der Arbeit eine Zeit, die dir der Engel schenkt. Die Zeit selbst wird dir zum Engel, sie lässt dir Flügel wachsen. Sie ist Zeit, die dir gehört. Du musst keinem Rechenschaft ablegen, wie lange du für das oder jenes brauchst. Der Engel schenkt dir innere Freiheit. Du erlebst die geschenkte Zeit als Wohltat. Du kannst dir Zeit lassen, zu lesen. Du musst nicht soundso viel Seiten in einer halben Stunde lesen. Und du musst dich nicht hetzen, nach dem Lesen sofort einzukaufen. Wenn du dich so vom Engel leiten lässt, dann wirst du deinen Tag als angenehm erleben und zugleich erkennen, dass dir wie von selbst ganz viel gelingt. Der Engel, der dir Zeit lässt, wird dir dann am Abend anerkennend sagen: „Du hast heute doch eine ganze Menge geschafft. Lass dich also auch morgen nicht drängen. Folge mir. Dir wird dann viel mehr gelingen, als wenn du dich ständig selber unter Druck setzt oder von anderen unter Druck setzen lässt."

# 14. Der Bis-hier-her-und-nicht-weiter-Engel

*E*s gibt Menschen, die kein Gespür für unsere Grenzen haben. Wenn wir mit ihnen sprechen, dann treten sie so nahe an uns heran, dass es uns schon unangenehm ist. Und im Gespräch versuchen sie, uns durch ihre Neugier zu bedrängen. Wir erzählen dann möglichweise persönliche Dinge, die den anderen gar nichts angehen, und ärgern uns dann, dass wir keine deutliche Grenze gesetzt haben. Wenn wir spüren, dass dieses Gefühl des Ärgers in uns hochsteigt, sollten wir den Engel einladen, der dem anderen sagt: „Bis hierher und nicht weiter." Die Beziehung zu anderen gelingt ja nur, wenn wir ein gutes Verhältnis von Nähe und Distanz haben. Bei normalen Begegnungen stimmt dieses Verhältnis. Aber bei manchen Menschen hat man den Eindruck, dass sie keine Distanz kennen.

Da kommt ein Kunde zu mir ins Geschäft. Ich bediene ihn. Aber auf einmal fängt er an, mit mir zu sprechen: „Sie schauen so blass aus. Sicher haben Sie Sorgen. Welche Probleme bedrücken Sie denn? Ist es Liebeskummer?" Schon die Indiskretion solcher Fragen empört mich: Was fällt dem ein, so persönlich mit mir zu sprechen? Aber da ich ein höflicher Mensch bin, versuche ich, trotzdem etwas zu sagen – und ärgere ich mich über jedes Wort, das ich gesagt habe.

Wenn wir in einer solchen Situation den Engel zu Hilfe rufen, gibt er uns den Mut, zu sagen: „Stopp, bis hierher und nicht weiter! Ich entscheide selbst, worüber ich sprechen will. Ich habe keine Lust, mit Ihnen über meine innere Befindlichkeit zu sprechen." Doch der Engel schützt mich davor, jetzt aggressiv mit dem Eindringling in meine persönliche Sphäre zu sprechen. Der Engel hält vielmehr seine Flügel schützend vor mich, gebietet dem anderen Einhalt und gibt mir die richtigen Worte ein, mich freundlich zu distanzieren, ohne den anderen zu beleidigen, aber doch so klar, dass er aufhört, noch weiter zu fragen.

Manchmal bittet uns ein Nachbar um Hilfe. Gerne helfen wir ihm. Aber auch da gibt es Menschen, die keine Grenzen kennen. Du hast Bekannte einmal aus Freundlichkeit eingeladen, zusammen Kaffee zu trinken. Jetzt machen sie einen Anspruch daraus und möchten sich am liebsten jeden Tag mit dir beim Kaffeeplausch gemütlich unterhalten. Doch so war es nicht gemeint.

Oft wissen wir nicht, wie wir es dem anderen höflich beibringen sollen, dass das eine einmalige Einladung war und keine tägliche Gewohnheit werden soll. Auch da bräuchten wir den Engel, der uns vor solcher Aufdringlichkeit schützt und unsere Grenzen bewacht, damit wir uns innerhalb unserer Grenzen frei fühlen. Der Engel lädt uns dann ein, unsere Grenze zu überschreiten, wenn wir es gerne möchten, und nicht, wenn der andere uns bedrängt.

# 15. Der Jetzt-ist-genug-Engel

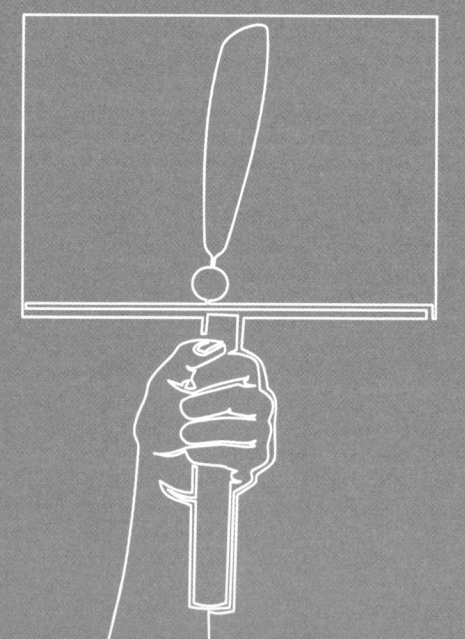

*D*u hast Besuch, ihr habt gemütlich zu Abend gegessen und euch bei einem Glas Rotwein noch gut unterhalten. Doch die Gäste machen keine Anstalten, aufzubrechen. Du hattest eigentlich gedacht, dass ihr den gemeinsamen Abend gegen 22 Uhr gemütlich ausklingen lasst. Aber jetzt ist es schon Mitternacht und die Gäste fühlen sich offensichtlich so wohl, dass sie noch länger bleiben möchten. Du wirst innerlich unruhig. Aber du hast Hemmungen, die Gäste einfach vor die Tür zu setzen.

Eigentlich wünschten wir uns in einer solchen Situation den Engel, der den Gästen sagt: „Jetzt ist aber genug." Doch der Engel wird das nicht so aggressiv sagen. Er flüstert uns vielmehr ein, wie wir mit freundlichen Worten doch darauf hinweisen können, dass der Abend so schön war und dass wir ihn beschließen sollten, wenn es am schönsten ist. Oder er gibt uns andere freundliche Worte ein, die den Gästen trotzdem vermitteln, dass es jetzt genug ist, dass man jetzt gerne ins Bett gehen möchte.

Eine Freundin ist gekommen, um sich ihr Herz bei mir auszuschütten. Ich höre gerne zu und versuche, mich in sie einzufühlen, sie zu verstehen. Aber sie hört nicht auf zu sprechen. Sie kommt von einem zum andern. Ich weiß schließlich gar nicht mehr, was sie eigentlich von mir will und wo sie wirklich Rat und Hilfe braucht. Sie erzählt und erzählt und ich fühle mich immer schlechter. Ich fühle mich wie ein Mülleimer, in den sie alles kippt, was sie am Leben ärgert und was sie schlecht findet. Ich selber komme gar nicht zu Wort. Ich dachte, sie wollte von mir einen Rat haben. Aber sie will nur von sich

erzählen. Ich spüre, wie Ärger in mir hochkommt. Da rufe ich den Engel an, der sagt: „Jetzt ist genug." Der Engel wird das natürlich auch wieder freundlicher sagen. Aber wenn ich auf ihn höre, dann gibt er mir Worte ein, die dem endlosen Erzählen ein Ende machen und das Gespräch auf den Punkt bringen: „Und wie willst du mit all dem, was du mir erzählt hast, umgehen? Was brauchst du? Was hilft dir weiter?" Der Engel gibt mir wieder Luft zum Atmen. Und er stößt mich an, dass ich selber die Initiative im Gespräch ergreife und mich nicht einfach von ihrem Redeschwall erdrücken lasse. Er rettet das Gespräch, sodass ich danach wieder atmen und aufrecht in meinen Alltag zurück kann. Ich kann die Freundin loslassen. Ich habe sie angehört. Aber ich habe ihr auch deutlich gemacht, dass sie selbst etwas tun muss und ihr Problem nicht durch endloses Erzählen lösen wird.

# 16. Der Engel mit dem Clownsgesicht

*P*aul Klee hat zahlreiche Engel gemalt, mit vielen Gesichtern und ganz verschiedenen Assoziationen. Darunter ist auch der Engel mit dem Clownsgesicht. George Rouault hat auch Jesus mit dem Clownsgesicht gemalt. Der Clown ist ursprünglich der „Bauerntölpel" im englischen Theater. Der Name kommt vom lateinischen Wort „colonus" – Bauer, Siedler. Der Clown ist also der einfache Mensch, der ursprüngliche Mensch, der in seiner direkten Art aber nicht so richtig in unsere komplizierte Welt passt. Er sieht alles mit einem einfachen Auge. In keinem Zirkus darf der Clown fehlen. Die Leute lachen über sein ungeschicktes Verhalten. Er kämpft gegen Hindernisse, stolpert über die eigenen Füße. Aber er verblüfft und erfreut die Leute auch durch seinen Einfallsreichtum, der immer wieder dazu führt, dass er zu überraschenden Lösungen schwieriger Situationen kommt. Er bringt die Menschen zum Lachen. Auch von der Einfachheit der Kinder hat der Clown etwas.

In unserer Zeit gibt es die Krankenhausclowns. Das sind Menschen, die sich extra zum Clown ausbilden lassen. Sie gehen in Krankenhäuser und bringen in das Leben der Kranken, vor allem in das Leben kranker Kinder, Fröhlichkeit und Heiterkeit. Und sie zeigen, dass das Leben schön ist, trotz aller Widrigkeiten.

Wir brauchen den Engel mit dem Clownsgesicht vor allem dann, wenn wir über die eigenen Füße stolpern und schon dran sind, uns zu ärgern und selbst zu beschimpfen. Der Engel mit dem Clownsgesicht lädt uns ein, stattdessen eine Clownnummer daraus zu machen, ein Malheur nicht schwer, sondern witzig zu nehmen und ihm

dadurch Leichtigkeit zu geben. Auch wenn wir traurig sind, weil ein wichtiger Wunsch nicht in Erfüllung gegangen ist, sollten wir den Engel mit dem Clownsgesicht zu uns bitten. Wir können mit ihm über unsere Traurigkeit sprechen. Dann merken wir möglicherweise schnell, wie infantil unsere Wünsche oft sind und dass wir oft schon bei Kleinigkeiten meinen, wir hätten allen Grund, in Selbstmitleid zu baden. Der Engel als Clown tröstet uns in unserer Traurigkeit, aber er verwandelt sie auch. Der Clown kennt die Traurigkeit. Er macht oft ein trauriges Gesicht. Aber zugleich schneidet er mitten in seiner Kalamität Grimassen, die alle zum Lachen bringen. Der Clown-Engel möchte auch unsere Traurigkeit verwandeln, indem er mit ihr spielt. Und auf einmal ist der Grund, warum wir so traurig sind, nicht mehr wichtig. Er erscheint uns lächerlich. Der Engel mit dem Clownsgesicht macht uns keine Vorwürfe, wenn wir meinen, wir hätten allen Grund, traurig zu sein. Er spielt unsere Traurigkeit nach. Er macht daraus ein Drama, eine Tragödie. Aber auf einmal wird die Tragödie zu einer Komödie. Und wir beginnen zu lachen. Es löst sich ganz überraschend, was vorher verwirrend und kompliziert war. Alles ist auf einmal nicht mehr so schlimm. So lehrt uns der Engel mit dem Clownsgesicht neues Vertrauen ins Leben.

# 17. Der Gute-Laune-Engel

*I*m Mittelalter dachte man, die Stimmung des Menschen hänge sehr stark vom wechselnden Mond ab. Das lateinische Wort für Mond ist „luna". Daraus wurde dann die „Laune". Man wollte die eigenen Stimmungen nicht sich selbst zuschreiben, sondern dem Wechsel des Mondes. Das heißt dann auch: Ich kann nichts dafür. Ich bin für meine Laune nicht verantwortlich. Die kommt einfach naturgemäß mit den verschiedenen Mondphasen. Auch heute noch sagen viele, bei Vollmond könnten sie nicht schlafen, da wären sie so aufgedreht. Es kann natürlich sein, dass unsere inneren Stimmungen von Umständen abhängig sind, die wir nicht beeinflussen können. Aber offensichtlich besteht im Menschen doch auch die Tendenz, die Verantwortung für seine Stimmungen auf andere Umstände abzuschieben. Ich bin schlecht gelaunt, weil das Wetter heute so mies ist, weil es regnet, obwohl ich mich nach Sonne sehne, oder weil es zu heiß ist und mir kühlere Temperaturen angenehmer wären. Ich mache das Wetter für meine Stimmung verantwortlich, aber oft genug auch andere Menschen: Neben so einem komischen Menschen kann man ja nur miese Laune haben. Und wir haben schlechte Laune, wenn etwas schiefgeht, wenn uns ein Missgeschick passiert oder wenn uns ein anderer kritisiert. Die Gelegenheiten sind zahlreich.

Der Gute-Laune-Engel macht uns unabhängig, nicht nur von Mondphasen, sondern auch von anderen äußeren Widrigkeiten. Er bringt uns in Berührung mit unserer Seele. Und in unserer Seele sind immer beide Stimmungen: Freude und Trauer, Heiterkeit und Bedrücktheit, gute und schlechte Laune. Der Engel möchte die schlechte

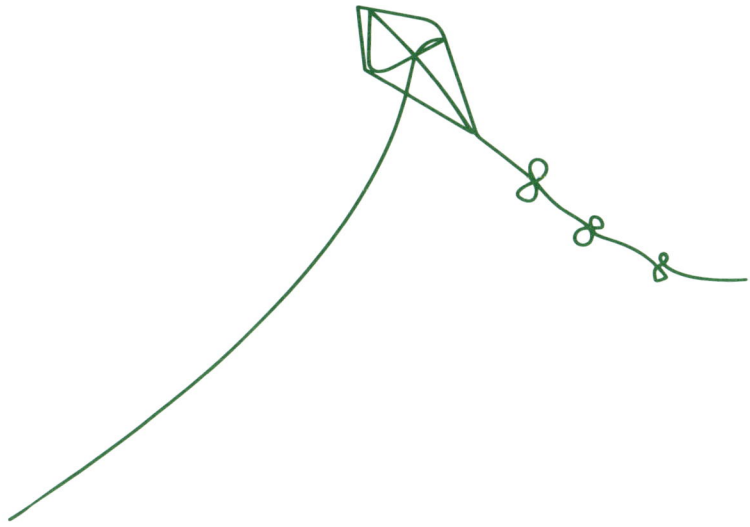

Laune nicht einfach unterdrücken. Aber indem er uns in den Raum der Seele hineinführt, in dem die gute Stimmung ist, nimmt er der schlechten Laune ihre Macht. Manche Menschen meinen, sie seien voll von schlechter Laune. Alles in ihnen sei davon erfüllt. Doch in Wirklichkeit haben sie sich nur im Raum der schlechten Laune eingerichtet und vernachlässigen dabei die anderen Räume ihrer Seele. Der Gute-Laune-Engel macht uns keine Vorwürfe. Aber er nimmt uns an der Hand und führt uns einfach in den Raum nebenan: Dort sehen wir auf einmal alles mit einem anderen Blick. Auf einmal erscheint uns der Grund der negativen Stimmung lächerlich. Der Engel macht uns keinen Druck nach dem Motto: „Sei doch endlich einmal gut gelaunt!" Er versteht uns. Aber er nimmt uns auch behutsam an der Hand und zeigt uns eine bessere Möglichkeit: „Ja, im Raum der schlechten Laune lässt es sich nicht gut leben. Da schaut alles so düster aus. Gehen wir gemeinsam in den Raum der guten Laune. Da ist viel Licht. Dort wird auch deine Stimmung ganz anders sein." Gerade wenn manches schiefgeht oder wenn wir schon missgelaunt aufstehen, bräuchten wir den Gute-Laune-Engel, der uns am Morgen nicht bereits Vorwürfe macht. Denn das würde unsere negative Stimmung nur verstärken. Dieser Engel führt uns einfach in andere Räume unserer Seele, damit wir mit helleren und hoffnungsvolleren Augen schauen können. Dann verwandelt sich mit unserer Laune auch unser Blick auf das Leben. Wir beginnen den Tag positiv und lassen uns nicht mehr aus dem inneren lichten Raum vertreiben. Wir richten uns für heute dort ein und schauen von diesem hellen Raum aus auf die Welt. Und alles wird dann auf einmal heller, fröhlicher, heiterer sein.

# 18. Der Mensch-ärgere-dich-nicht-Engel

*E*in Goldschmied in unserer Goldschmiedewerkstatt kam auf die Idee, einen Engel zu gestalten, der den Spielfiguren aus dem Spiel „Mensch ärgere dich nicht" gleicht. Offensichtlich hat er mit seinem „Mensch-ärgere-dich-nicht-Engel" die Sehnsucht vieler Menschen getroffen. Denn die Nachfrage nach diesem Engel ist groß.

Als Kind habe ich mit meinen Geschwistern und Eltern oft „Mensch ärgere dich nicht" gespielt. Damals konnte ich nicht gut verlieren und habe immer meinen Ehrgeiz daran gesetzt, möglichst schnell die Figuren der anderen aus dem Spiel zu werfen. Wenn meine eigenen Spielfiguren von den anderen abgeschossen wurden, war das gar nicht lustig für mich und ich habe mich immer sehr geärgert. Meiner Mutter dagegen machte es gar nichts aus, wenn wir ihre Figuren aus dem Spiel warfen. Sie lachte nur darüber. Sie hatte offensichtlich den „Mensch-ärgere-dich-nicht-Engel" immer bei sich. Sie hatte Spaß beim Spielen und war nicht darauf aus, unbedingt zu gewinnen. Auch mein Vater blieb ganz ruhig, wenn wir seine Figuren abschossen. Da war der Engel der Gelassenheit bei ihm.

Das „Mensch-ärgere-dich-nicht-Spiel" ist ganz einfach und hat doch gerade in seiner Einfachheit die Menschen zu jeder Zeit erfreut. Offensichtlich werden da wichtige Aspekte des Lebens angesprochen und spielerisch ausagiert. Im Leben gibt es so viele Situationen, in denen wir uns ärgern. Wir kommen nur wenige Minuten zu spät, und der Zug ist gerade abgefahren. Wir sind beim Einkaufen im Kaufhaus. Aber ausgerechnet den Anorak, auf den wir gerade ein Auge geworfen haben, hat ein anderer vor uns gekauft. Oder unsere Lieblingstasse fällt herunter und zerbricht. In solchen Situationen bräuchten wir den Engel, der uns immer wieder zuruft: „Mensch ärgere dich nicht!" und der uns sagt: „Das Leben ist doch nur ein Spiel. Es ist wirklich nicht so wichtig, ob du jetzt mit diesem Zug fährst oder mit dem nächsten, ob du diesen Anorak bekommst oder einen anderen. Nimm das Leben leichter. Sieh es auch als Spiel." Doch gerade, weil ich aus meiner Kindheit noch weiß, wie oft ich auch das Spiel höchst ernst genommen habe, ist mir klar: Ich brauche den Engel auch heute, nicht nur beim Spiel, sondern noch mehr im Leben, in dem andere meiner Spielfigur, meinen Vorstellungen, Wünschen und Plänen auf den Leib rücken. Der Engel öffnet mir die Augen und hilft mir, alles nicht so ernst zu nehmen, sondern leichter, spielerischer, gelassener damit umzugehen. Ich höre die Stimme dieses Engels auch im Lied von Joseph Eichendorff, in dem es heißt: „Das Leben ist ein Spiel. Und wer es recht zu spielen weiß, der kommt ans rechte Ziel." Und ich nehme mir vor, mehr auf diese Stimme zu hören.

# 19. Der Engel
## der Umkehr

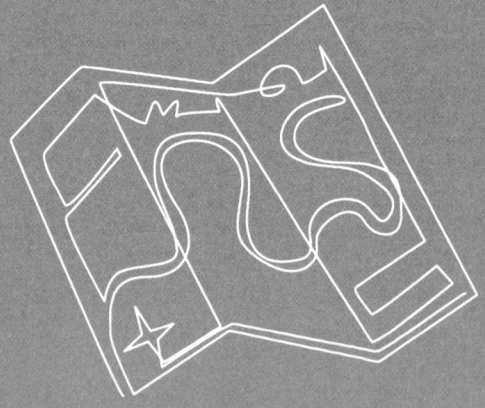

Früher habe ich öfter alleine auf unserem Winkelhof im Steigerwald Urlaub gemacht und bin jeden Tag allein lange durch die Wälder gewandert. Manchmal habe ich mich auch verlaufen, wenn es plötzlich keine Wegmarkierungen mehr gab. Den Weg, den ich gekommen war, den wusste ich noch. Meistens packte mich aber der Ehrgeiz. Ich war überzeugt, dass ich den Weg schon wieder finden würde, ich müsste ja nur meinem Orientierungssinn folgen. Doch manchmal musste ich mir einfach eingestehen, dass alles Suchen vergeblich war. Ich solchen Situationen brauchte ich den Engel der Umkehr, der mir erlaubte, einfach umzukehren. Das fiel mir schwer. Der Engel der Umkehr musste erst meinen Stolz und den Ehrgeiz überwinden. Er machte mir aber dann doch klar, dass die Umkehr der einzige Weg war, wieder heimzukommen.

Wir brauchen den Umkehr-Engel nicht nur beim Wandern in unübersichtlichem Gelände. Manchmal müssen wir uns auch sonst im Leben eingestehen, dass der Weg, den wir eingeschlagen haben, nicht weitergeht, dass wir umkehren sollten. Wir wollten in der Firma einen Weg versuchen, um zu mehr Erfolg zu kommen. Doch wir müssen uns eingestehen, dass dieser Weg ein Irrweg war. Wir versuchen, mit einem schwierigen Mitarbeiter immer wieder zu sprechen, in der Hoffnung, dass sich bei ihm etwas wandelt. Doch dann spüren wir, dass der Weg nicht weiterführt. Oder wir haben uns Wege der Erziehung unserer Kinder ausgedacht. Doch dann erkennen wir, dass wir einer falschen Fährte gefolgt sind. In all diesen Situationen brauchen wir den Engel der Umkehr. Denn von uns aus fällt es uns

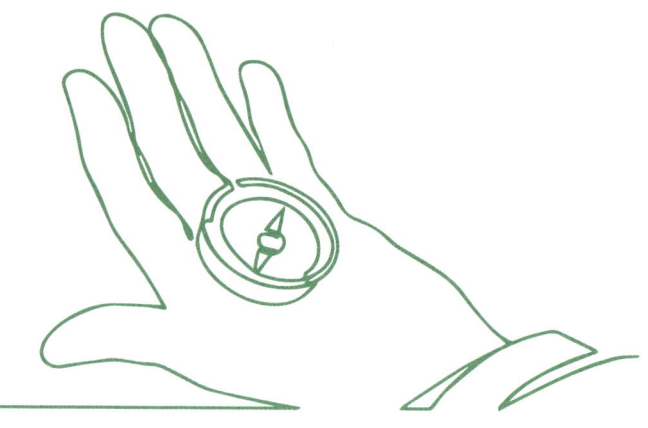

sehr schwer, uns einzugestehen, dass unser Weg nicht weiterführt. Der Engel der Umkehr ist nicht allein, wenn er uns zur Seite steht. Er muss mit anderen Engeln zusammenarbeiten, um uns zur Umkehr zu bewegen. Da ist vor allem der Engel der Demut, der uns Mut macht, das eigene Versagen anzuerkennen. Und es braucht den Engel des Vertrauens, dass die Umkehr uns auf den richtigen Weg führt. Und es braucht den Engel der Ausdauer. Es dauert nämlich etwas länger, wieder umzukehren und den alten Weg zurückzugehen, um von vorne anzufangen. Der Engel der Umkehr kommt also immer mit einer Engel-Mannschaft zu uns, um unsere Altherrenmannschaft aus Ehrgeiz und Stolz, aus Sturheit und Borniertheit zu besiegen. Aber er führt uns am Ende doch ins Freie und an unser Ziel, wenn wir uns ihm anvertrauen.

# 20. Der Antipessimismus-Engel

*E*s gibt eingefleischte Pessimisten. Sie sehen das Glas immer halb leer. Sie trauen der Zukunft nicht und finden, dass früher sowieso alles besser war. Sie fixieren sich auf die schlechten Nachrichten. Wirtschaftlich wird alles immer schlechter und moralisch geht die Welt sowieso den Bach hinunter. Das schlechte Wetter gibt Anlass zur Klage und das Leben in der Stadt wird immer unzumutbarer, die Nachbarn werden immer schwieriger, ja, sie sind gerade unerträglich. Und sie sind überzeugt, dass alles nur noch schlimmer werden wird. Es ist schwer, einem Pessimisten seinen Pessimismus auszutreiben. Da braucht es schon einen Antipessimismus-Engel. Dieser Engel wird dem Pessimisten aber nicht mit Engelszungen beweisen wollen, dass seine Sicht der Dinge unbegründet ist. Der Engel könnte Tag und Nacht mit dem Pessimisten sprechen und würde doch nichts bewirken. Der Engel ist klüger. Er fragt den Pessimisten: „Was hast du davon, dass du alles so schwarzsiehst?" Diese Frage provoziert den Pessimisten. Vielleicht ärgert er sich darüber. Oder aber er wundert sich gerade über diese Frage. Wenn der Engel ihn mit Engelszungen überreden wollte, die Welt doch etwas optimistischer anzuschauen, würde es nur eine endlose Debatte geben. Der Pessimist würde immer neue Gründe anführen, an seiner düsteren Sicht festzuhalten. Doch die Frage des Engels bohrt in ihm. Sie lässt ihn nicht in Ruhe. Wenn der Antipessimismus-Engel noch seine beiden Kollegen, den Engel der Geduld und den Engel des Wartenkönnens zu Hilfe nimmt, dann kann sich im Pessimisten vielleicht doch die Einsicht breitmachen: Ja, es stimmt: Eigentlich bin ich so pessimistisch, dass ich die Verantwortung für meine Zukunft anderen in die Schuhe schiebe, dass ich mich vor mir selbst rechtfertigen möchte, nichts zu tun, keine Verantwortung für mich und eine sinnvolle Zukunft zu übernehmen. Der Antipessimismus-Engel in Gemeinschaft mit seinen beiden Kollegen wartet, bis seine Frage langsam in das Herz des Pessimisten eingesickert ist. Dann nimmt er einen anderen Engel zu Hilfe, den Engel des Charmes, um dem Schwarzseher in aller Liebenswürdigkeit eine andere Sichtweise nahezulegen. Er könnte doch mal versuchen, das Glas auch halb voll zu sehen. Und er könne doch auch das Experiment machen, wie es wäre, wenn er seine eigene Zukunft positiver sähe. Er müsse ja gar nichts optimistisch sehen. Er könne es ja nur mal probehalber versuchen. Nur so als kleines Experiment. Und dann könne er ja in sich hineinspüren, wie er sich nach diesem Experiment fühle. Und wenn das Experiment einer optimistischen Sicht sich besser anfühle, dann könne er es ja öfter mal probieren. Der Antipessimismus-Engel ist voller Vertrauen, dass sich bei diesem Menschen allmählich eine hellere Sichtweise durchsetzt und dass dann die Welt für ihn nicht nur freundlicher aussehen, sondern dass auch sein Leben wirklich leichter werden wird.

# 21. Der Engel des Teilens

Kleine Kinder werden von ihren Eltern angehalten, die Schokolade miteinander zu teilen oder einander auch einmal ihr Spielzeug zu überlassen. Doch oft haben die Aufforderungen der Eltern keinen Erfolg. Allzu gerne würden die Kinder das Spielzeug nur für sich behalten: „Das gehört mir. Das ist meins." Und sie würden die Schokolade gerne allein aufessen. Offensichtlich gibt es einen angeborenen Drang nach eigenem Besitz, und was sich bei den Kleinen zeigt, das erleben wir Erwachsenen ähnlich. Wir wollen unseren Besitz für uns allein haben. Wir tun uns schwer, unser Auto oder unseren PC einem anderen zu leihen, der es gerade braucht, weil sein Auto in Reparatur ist oder sein PC gerade nicht läuft. Wir befürchten, er könne unsere Dinge nicht gut behandeln. Er könne ja mit unserem Auto in einen Unfall verwickelt werden. Da ist das Risiko zu groß und die Scherereien mit der Versicherung würden beim Ausleihen unangenehm. Wir haben viele Gründe, das, was uns lieb ist, nicht mit anderen zu teilen, sondern es für uns zu behalten. Da bräuchten wir den Engel, der uns ermutigt, unsere Dinge zu teilen. Wenn wir uns vom Engel des Teilens überreden lassen, dann erleben wir auf einmal, dass wir uns daran freuen, wenn dem anderen unser Auto oder unser PC hilft, und wie wir ihm damit eine Freude bereiten. Der Engel des Teilens ermutigt aber nicht nur uns, das Unsere zu teilen. Oft erleben wir diesen Engel auch als Geschenk, wenn ein anderer seinen Besitz mit uns teilt, wenn wir teilhaben dürfen an dem, was er hat. Da stellt uns zum Beispiel jemand seine Berghütte zur Verfügung und wir haben einen wunderbaren Urlaub. Aber der

Engel des Teilens lässt uns nicht nur teilhaben an äußeren Dingen, sondern auch an den Erfahrungen des anderen. Da erzählt uns jemand von den Erfahrungen, die er in diesem Land oder mit dieser Firma oder in dieser Angelegenheit gemacht hat. Das schenkt uns mehr Sicherheit und zeigt uns Wege auf, wie wir in unserer Situation handeln können. Wir sind dankbar, wenn uns ein Engel des Teilens Anteil gibt an seinen Erfahrungen.

Wir wissen: Geteiltes Leid ist halbes Leid. Und geteilte Freude ist doppelte Freude. Das Sprichwort sagt uns, wie gut es uns tut, wenn jemand mit uns fühlt und Mitleid hat. Mitleid bedeutet nicht, dass er von oben herab bemitleidet, sondern dass er sich auf unser Leid einlässt und es mit uns teilt, mit uns trägt. Dann wird unser Leid leichter. Wir fühlen uns nicht alleingelassen. Da geht jemand mit uns hinein in die leidvollen Gefühle, die der Verlust eines lieben Menschen in uns auslöst. Manche, die um ihre verstorbenen Eltern oder ihren verstorbenen Gatten trauern, fühlen sich alleingelassen in ihrer Trauer. Dann wird die Trauer immer schwerer. Wenn jemand es bei mir aushält und meine Trauer mit mir teilt, dann wird sie leichter. Dann fühle ich mich nicht ausgeschlossen. Umgekehrt ist es aber mit der Freude. Wir haben in uns den Drang, unsere Freude auch vor anderen auszudrücken. Und wenn der andere sich ehrlich mit uns freut, dann vertieft das unsere Freude. Sie wird gleichsam verdoppelt. Wir freuen uns dann miteinander am Gelingen der Prüfung. Wir freuen uns gemeinsam, wenn unsere Tochter heiratet oder wenn unser Sohn die Stelle bekommt, für die er sich beworben hat.

Es ist gut, wenn wir den Engel des Teilens zu uns einladen, damit wir mit den Menschen, mit denen wir leben, unseren Besitz, unser Leid, unsere Freude und unsere Erfahrungen teilen. Und wir sollen daran glauben, dass der Engel des Teilens nicht nur bei uns ist, sondern auch bei den Menschen, die wir um einen Gefallen bitten. Oft fällt es uns ja schwer, jemanden zu bitten, etwas von seinem Besitz oder seinen Erfahrungen mit uns zu teilen. Der Engel des Teilens ermutigt uns zur Bitte und er schenkt uns dann die Freude und die Dankbarkeit, wenn das Teilen gelingt.

# 22. Der Engel der Zurückhaltung

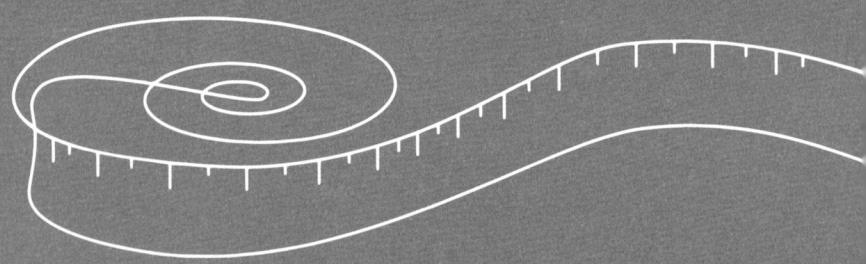

*E*s gibt Situationen, in denen wir unseren Ärger nicht zurückhalten können. Da muss ich beim Arzt lange warten. In mir kocht es schon. Ich habe doch einen Termin ausgemacht, und jetzt sitze ich schon über eine Stunde im vollen Wartezimmer. Am liebsten würde ich zur Arzthelferin gehen und mich lauthals beschweren. Doch damit würde ich die Situation nur noch verschlimmern. Es sind einfach heute so viele Notfälle gekommen. Da zählt nicht nur mein eigenes Bedürfnis.

Da bräuchten wir den Engel der Zurückhaltung, der uns zuflüstert: „Bleibe bei dir selbst. Überlege erst einmal, ob das jetzt wirklich angemessen ist, deinen Unmut zu äußern." Vielleicht leiden die beiden Ärzte und ihre Helferinnen genauso an der Situation. Es ist ihnen sicher auch nicht angenehm, jemanden warten zu lassen. Wenn du deinen Ärger nicht zurückhalten kannst, wird die Behandlung sicher nicht besser werden. Die Emotionen werden sich zwischen dich und die Arzthelferin und den Arzt stellen. Und wenn die Beziehung gestört ist, kann keine Heilung geschehen. Der Engel der Zurückhaltung löst die Situation dann schon zu deinen Gunsten auf und dann erlebst du, dass das Ergebnis der Untersuchung für dich gut ist.

Der Schaffner im Zug teilt dir mit, dass du deinen Anschlusszug leider nicht erreichst. Du möchtest ihm deinen Ärger am liebsten an den Kopf werfen und ihn persönlich verantwortlich machen für Zustände bei der Deutschen Bahn: Immer kommen die Züge zu spät an. Man kann sich einfach nicht darauf verlassen. Auch da ist es gut, wenn du zuerst einmal den Engel der Zurückhaltung konsultierst. Vielleicht sagt er dir: „Der Schaffner kann wirklich nichts dafür, dass da gerade Diebe die Oberleitung gestohlen und auf diese Weise eine Verspätung verursacht haben. Dem Schaffner tut es auch selber leid, dass sein Zug nicht pünktlich fahren kann." Der Engel der Zurückhaltung gibt dir ein, den Zugbegleiter freundlich nach anderen Möglichkeiten zu fragen. Vielleicht findest du zusammen mit ihm dann doch eine gute Lösung für dich.

Manchmal brauche ich selber auch den Engel der Zurückhaltung, wenn es um die Verteilung neuer Aufgaben geht.

Weil manche Mitbrüder allzu oft den Engel der Zurückhaltung zu hören glauben und sich immer zurückhalten, wenn es um die Arbeit geht, folge ich selber oft zu schnell dem Impuls: Dann mache ich es halt. Es wird schon noch gehen. Doch wenn ich dann zugesagt habe, merke ich: Da hätte ich mich zuerst mit dem Engel der Zurückhaltung besprechen sollen. Er hätte mir dann schon gesagt, wo er es für gut hält, dass ich zupacke, und wann ich ruhig mal die anderen an die Arbeit lassen sollte. Der Engel der Zurückhaltung lehrt mich, die Phase der Stille und des Schweigens auszuhalten, wenn sich niemand meldet. Manche warten nur darauf, dass einer die Frustration nicht erträgt und sich meldet. Aber das tut weder denen gut noch mir. Der Engel der Zurückhaltung zeigt mir das richtige Maß an Zupacken und Zurückhalten. Und das rechte Maß wird auf Dauer nicht nur im Zusammenleben mit anderen hilfreich sein, sondern auch meiner eigenen Seele guttun.

# 23. Der Engel
## des Lobens

*V*iele Arbeitnehmer leiden darunter, dass ihr Chef sie nicht lobt. Bei Führungsseminaren lernen die Führungskräfte zwar, dass es gut ist, ihre Mitarbeiter genügend zu loben, um sie zu motivieren. Doch wenn sie dann vom Seminar nach Hause kommen und das zwei Wochen lang intensiv üben, merken die Mitarbeiter, dass das auch nicht so ganz ehrlich ist. Sie können das Lob dann gar nicht richtig annehmen. Sie sagen zueinander: „Jetzt war der Chef wieder auf Seminar. Da fängt er mal wieder an zu loben. Aber nach zwei Wochen wird er es wieder vergessen." Anstatt sich das Loben anzutrainieren oder es als Trick zu verwenden, jemanden wegzuloben oder ihn durch Loben zu vereinnahmen, bräuchte es den Engel des Lobens. Er zeigt mir, wie und wann ich loben soll. Der Engel des Lobens spricht zu mir durch einen leisen Impuls: „Das hat der Mitarbeiter gut gemacht. Sag es ihm. Lobe ihn. Aber lobe ihn nicht plump. Interessiere dich für das, was er gemacht hat. Lass es dir erzählen. Und erkenne es auch wirklich an, dass er es gut gemacht hat." Der Engel des Lobens bewahrt dich davor, das Loben als Trick oder als Pflichtübung zu missbrauchen. Er stößt dich immer im richtigen Augenblick an, das Wort zu finden, das beim anderen auch wirklich ankommt. Wenn du zu große Worte für das Loben gebrauchst, spürt der andere, dass es nur ein angelerntes Loben ist, ein künstliches Lob. Er sehnt sich aber nach einem ehrlichen und natürlichen Lob.

Viele Frauen, die voller Sorgfalt und Liebe den Haushalt machen, die sich jeden Tag Mühe geben, gut zu kochen, beklagen sich darüber, dass ihr Mann und auch die Kinder das alles für selbstverständlich halten. Sie hören nie ein anerkennendes Wort über das gute Essen oder über den schön gedeckten Tisch oder die sauber geputzten Zimmer. Sie wollen gar nicht ständig gelobt werden. Aber eine positive Resonanz täte ihnen schon gut. Man sagt zwar, für manche Leute gelte die Devise: Nicht meckern ist genug gelobt. Doch der Engel des Lobens würde das nicht gelten lassen. Das deutsche Wort „loben" hat die gleiche Wurzel wie „lieben" und „glauben". Es steckt die althochdeutsche Wurzel „liob" = gut darin. Loben heißt dann: lieb nennen, gutheißen, gute Worte sagen. Ich kann aber nur gute Worte sagen, wenn ich an das Gute glaube, wenn ich das Gute im Menschen sehe und wenn ich es liebe, wenn ich gut damit umgehe. So gehört Loben mit Glauben und Lieben zusammen. Ohne Glauben verliert das Lob seinen Grund. Es bleibt aufgesetzt. Es kommt beim anderen nicht an. Um gut loben zu können, muss ich zuerst einmal glauben, mit guten Augen auf die Menschen und auf das, was sie tun, schauen. Dann finde ich auch die Worte, die den anderen berühren. Der Engel des Lobens hilft mir dabei, die Menschen zu lieben und dann die Worte zu finden, die das Gute im anderen aussprechen. Die guten Worte werden dann allen guttun: dem Gelobten genauso wie dem Lobenden und den anderen, die das Lob hören.

# 24. Der Charme-Engel

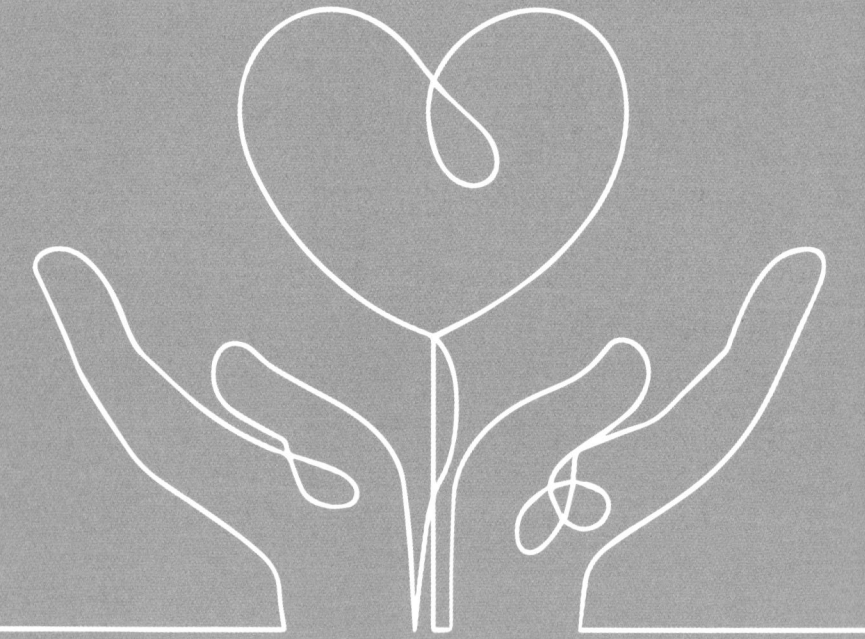

Heute ist so viel schiefgelaufen. Zuerst habe ich beim Herausfahren aus der Garage mit meinem neuen Auto die Wand geschrammt und einen Kratzer verursacht. Dann musste ich ein paar Kilometer lang hinter einer langsamen Autoschlange herfahren, der ein Traktor vorausfuhr, der einfach nicht abzweigen wollte. Dann war mein Parkplatz vor der Firma belegt. Und als ich zu spät in die Firma kam, wurde ich auch nicht gerade freundlich empfangen. In solchen Momenten brauche ich den Charme-Engel, der mich so freundlich anlächelt, dass ich meinen Missmut gar nicht mehr weiter vor mir hertragen kann. Der Charme-Engel verzaubert und vermag so alles Missgeschick wieder auszugleichen. Charme ist ein französisches Wort und bedeutet: „Gesang, Lied, Zauberspruch, Zauberformel" und es kommt vom lateinischen Wort „canere" = singen und vom spätlateinischen Wort „carminare" = bezaubern. Wir denken beim Charme-Engel nicht an einen singenden Engel, aber an einen Engel, der uns mit seinem bezaubernden Lächeln wieder ins innere Gleichgewicht zu bringen vermag. Er zaubert uns unsere schlechte Laune weg und verwandelt unsere miese Stimmung.

Manche Menschen haben einfach keinen Erfolg, wenn sie jemanden um einen Gefallen bitten. Sie tun das mit einem so strengen und fordernden Gesicht oder mit einem so rauen Ton, dass die Gebetenen gar nicht anders können, als sich vor der Bitte zu schützen und Nein zu sagen. Da bräuchte es auch den Charme-Engel, der uns in seine Schule nimmt. Er müsste es uns einfach öfter einmal vormachen, wie man auf einen Menschen zugeht, an den man einen Wunsch richtet.

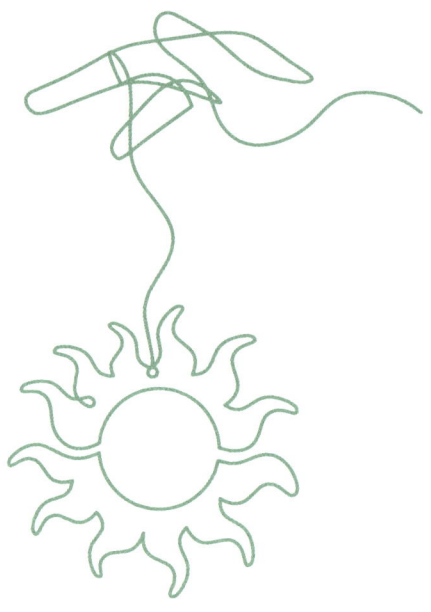

Wenn der Wunsch wie ein Befehl klingt, dann werden wir sicher nichts erreichen. Der Charme-Engel aber verzaubert den anderen so, dass er gar nicht anders kann, als uns einen Gefallen zu erweisen. Wir bräuchten wesentlich weniger Energie, wenn wir den Charme-Engel immer bei uns hätten. Manche zerbrechen sich vorher schon den Kopf, wenn sie jemanden um etwas bitten müssen. Dann malen sie sich schon aus, wie das schiefgehen könnte. Und um keine Abweisung ihrer Bitte zu erfahren, machen sie es lieber selber. Aber dann steigert sich auch der Missmut und die Aggressivität gegenüber den anderen, die alles Mögliche von einem wollen, aber selbst nie bereit sind, einem zu helfen. In solchen Situationen der Selbstverkrampfung täte uns der Charme-Engel gut, der unserer Bitte einfach mit Charme Überzeugungskraft verleiht. Aber nicht nur beim Bitten hilft der Charme-Engel. Er könnte uns immer begleiten, wenn wir einem Menschen begegnen. Anstatt uns Sorgen zu machen, wie wir ihm begegnen, oder uns den Kopf zu zerbrechen, was wir ihm sagen sollten, würde uns der Charme-Engel einfach dazu befähigen, dem anderen so offen, liebenswürdig und freundlich zu begegnen, dass wir ihn für uns gewinnen.

Manchmal sagen wir über einen Menschen: Er hat Charme. Er erreicht immer, was er will. Aber wir sollten uns nicht damit zufriedengeben, einfach festzustellen: Ich bin charmant oder ich bin es nicht. Der Charme-Engel nimmt uns gerne in seine Schule auf, sodass auch wir lernen, an unseren eigenen Charme zu glauben und ihn dann auch einzusetzen. Das würde uns das Leben in vielem erleichtern und uns die eigene Schwere nehmen. Wir würden uns leichter fühlen. Und viel wohler.

# 25. Der Musikanten-Engel

*D*ie Künstler haben die Engel oft musizierend dargestellt. Vor allem auf Weihnachtsbildern finden wir Engel, die im Chor singen oder auf Instrumenten spielen. Sie blasen Flöten, spielen auf der Geige oder auf der Harfe oder blasen kleine Trompeten. Diese Engel, oft auch als Kinderengel dargestellt, drücken die lebhafte und unverstellte Freude über das Geschehen der Geburt Jesu aus. Das ist nicht nur der Fantasie von Künstlern entsprungen. Schon die Bibel berichtet von musizierenden Engeln. Bei Jesu Geburt schreibt Lukas von einem himmlischen Heer von Engeln, das Gott lobte und das weihnachtliche Lied sang: „Ehre sei Gott in der Höhe." Das letzte Buch der Bibel, das Buch der Offenbarung, spricht von Engeln, die auf Posaunen blasen, um Christus anzukündigen, der als Weltenrichter erscheint. Die Posaune drückt Gottes Macht und Herrlichkeit aus. Das Buch der Offenbarung spricht aber auch von einer zärtlichen Musik im Himmel. Der Seher hört vom Himmel her eine Stimme: „Die Stimme, die ich hörte, war wie der Klang der Harfe, die ein Harfenspieler schlägt. Und sie sangen ein neues Lied vor dem Thron." (Offb 14,2 f.)

Die musizierenden Engel täten uns gut, wenn wir im Gottesdienst oft so müde und teilnahmslos singen. Wenn wir uns vorstellen könnten, dass die Engel mit uns singen, voller Zärtlichkeit und Liebe, aber auch mit Leichtigkeit und Lust, dann würde das unseren müden Gesang erfrischen. Und vor allem hätten wir dann das Gefühl: Wir singen nicht allein. Wir stimmen ein in den Lobgesang der Engel, wie uns das die Liturgie immer wieder formuliert.

Reinhard Mey hat ein Lied komponiert mit dem Titel „Musikanten sind in der Stadt". Diese Musikanten bringen die Stadt durcheinander. Da ist auf einmal etwas los … Manchmal bräuchten wir die Musikanten-Engel, damit sie in unsere Stadt, in der wir uns oft allzu fest eingerichtet haben und in der alles immer gleich abläuft, Leben und Schwung bringen. Unser Leben gleicht oft einer langweiligen Kleinstadt, in der alles seinen Platz hat, wo sich aber kein wirkliches Leben abspielt. Der Musikanten-Engel kann die Kleinstadt unserer Seele beleben. Da erklingt auf einmal eine Musik, die uns fasziniert, beflügelt und beschwingt. Auf einmal hören wir auf mit dem alltäglichen Trott. Lebensfreude liegt in der Luft. Unsere Seele bekommt Flügel und wir fühlen uns leichter. Wir sehen auf einmal mit neuen Augen auf das Gewohnte. Die innere Stadt wird lebendig. Da blüht etwas auf.

# 26. Der
# Tanz-Engel

Auf vielen Weihnachtsbildern und auch auf Marienbildern führen die Engel einen himmlischen Tanz auf. Sie spiegeln die Leichtigkeit des Seins wider. Wenn wir diese Bilder anschauen, dann verstehen wir, was der Philosoph Ernst Bloch über den Tanz geschrieben hat. Für ihn drückt der Tanz unsere Hoffnung nach dem ganz anderen aus. Er schreibt: „Der Tanz war stets die erste und leibhaftigste Form, auszufahren. An einen anderen Ort als den gewohnten, wo man sich als Gewohnter befindet." Der Tanz verzaubert den Menschen. Er führt ihn in eine andere Welt, in die Welt der Leichtigkeit und Freiheit. Er drückt, wie Bloch meint, „den Wunsch nach schöner bewegtem Sein aus, fasst es ins Auge, Ohr, den ganzen Leib und so, als wäre es schon jetzt". Wir alle sehnen uns danach, diese innere Leichtigkeit und Freiheit zu erfahren, ganz in unserem Leib zu sein. Oft fühlen wir uns zerrissen zwischen Geist und Leib, auch zwischen den verschiedenen Erwartungen, die auf uns einströmen. Im Tanzen können wir uns selbst vergessen. Da sind wir ganz bei uns. Der Tanz bringt uns vom Kopf in den Leib. Er löst die Spaltung auf zwischen Leib und Seele, zwischen Denken und Fühlen, zwischen dem Augenblick und den Gedanken, die in die Ferne schweifen. Er führt uns in die Gegenwart, in den Leib, in den augenblicklichen Schritt. Der nächste Schritt ist alles. Auf ihn sich einzulassen, hebt die Zerstückelung der Zeit auf und macht gegenwärtig. Wenn wir so ganz eins sind mit uns selbst, kommt uns der jüdische Rabbi ganz nahe, von dem in den Geschichten der Chassidim erzählt wird, er habe so getanzt, dass er mit jedem Schritt heilige Einungen vollzogen habe.

Die Mystiker sagen, dass die Engel im Himmel den ewigen Tanz Gottes tanzen. Wir bräuchten schon hier auf Erden, in unserem Alltag, den tanzenden Engel, der uns so in die Bewegung bringt, dass wir alles Starre und Schwere in uns und um uns herum vergessen und teilhaben an der himmlischen Leichtigkeit. Der Tanz-Engel könnte uns dazu verhelfen. Er würde alle Fesseln von uns lösen und uns in die Einheit führen: mit uns selbst und mit der ganzen Schöpfung. Von den Indianern weiß man, dass sie sich durch ihre rituellen Tänze mit den Schwingungen in Einklang bringen wollen, die die Schöpfung in Bewegung halten.

„Wenn er die Segnungen der wärmenden Strahlen der Sonne fühlte, dann tanzte er." Das erzählt man von einem Indianerhäuptling. Manchmal haben auch wir das Bedürfnis, in der Sonne zu tanzen oder zu tanzen, wenn der Regen auf uns fällt. Dieses Bedürfnis drückt die Sehnsucht aus, eins zu werden mit der Schöpfung. Aber wir haben dieses spontane Tanzen verlernt, das uns alles vergessen und uns zugleich ganz eins sein lässt mit allem, was ist. Da bräuchten wir den Tanz-Engel. Er nimmt uns an der Hand und tanzt einfach mit uns. Er belehrt uns nicht. Er nimmt uns einfach mit in den großen Tanz der Engel. Die frühen Kirchenväter nennen Christus selber den Vortänzer im himmlischen Reigen. Die Engel tanzen mit uns und Christus ist der Vortänzer. Es ist der Tanz der Liebe, der Tanz der Schöpfung, der Tanz, der uns über alles Irdische und Zeitliche hinausführt und uns schon jetzt in der Bewegung des Tanzes teilhaben lässt am reinen Augenblick der Ewigkeit.

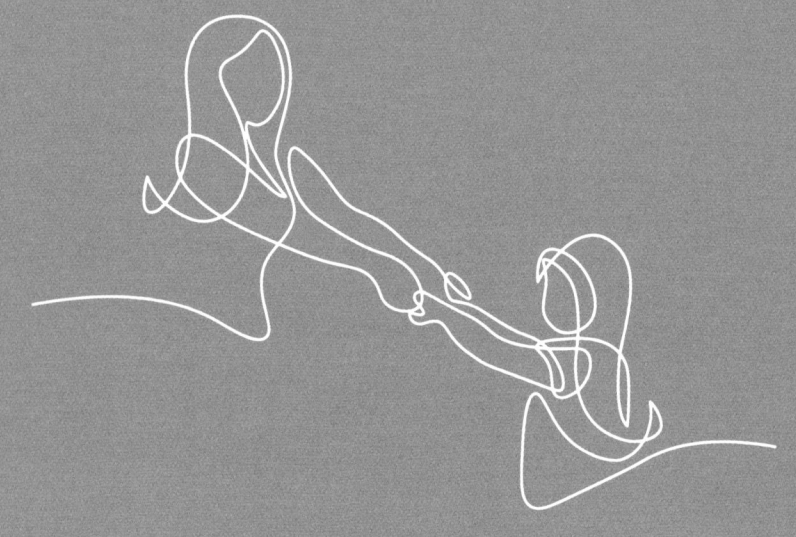

# 27. Der Engel der Fröhlichkeit

Das deutsche Wort „froh, fröhlich, freudig" kommt von der gleichen Wurzel, die auch im Wort „Frosch" steckt. Sie bedeutet: hüpfen, springen. Fröhlichkeit hat etwas Lebendiges, Hüpfendes, Springendes an sich. Sie springt mich an. Sie macht das Leben leichter. Kinder zeigen ihre Fröhlichkeit, indem sie hüpfen und springen und miteinander lachen. Und ihre Fröhlichkeit steckt an. Sie springt auf uns über.

Kinder sind von Haus aus fröhlich, wenn sie in ihrer Familie Geborgenheit und Liebe erfahren. Als Erwachsene brauchen wir den Engel der Fröhlichkeit, der uns herausholt aus dem Selbstmitleid, in das wir uns gerne vergraben, der uns herauslockt aus depressiven Stimmungen oder aus dem Ärger über das, was schiefgelaufen ist. Der Engel der Fröhlichkeit verwendet keine Imperative. Er ruft uns nicht einfach zu: „Sei doch fröhlich!" Er öffnet uns zuerst einmal die Augen und nimmt die dunkle Brille von unseren Augen. Denn die dunkle Brille lässt alles düster und schwer erscheinen. Der Engel der

Fröhlichkeit setzt uns keine rosarote Brille auf. Er putzt einfach unsere Brille, damit wir auch das Helle und Lichte in allem sehen können. Wenn wir das wahrnehmen, dann hellt sich auch unsere Stimmung auf. Der Engel der Fröhlichkeit gibt uns dann einen kleinen Stoß und sagt uns: „Trau dich, fröhlich zu sein. Du spürst doch Fröhlichkeit in dir. Aber du meinst, vor den anderen müsstest du immer deine ernste Maske aufhaben. Du willst dich als abgeklärt, seriös und weise zeigen, als jemand, der gegen den Ernst des Lebens gewappnet ist. Doch du bist nicht nur ernst und schwer. Du hast auch etwas Fröhliches und Leichtes in dir." Der Engel der Fröhlichkeit nimmt uns die Maske vom Gesicht und macht sichtbar, dass dahinter auch fröhliche Augen sind und eine heitere Miene. Er bringt uns in Berührung mit der Fröhlichkeit, die immer schon in uns ist.

Natürlich gibt es Menschen, in denen die Fröhlichkeit verstummt ist. Das Leben war zu hart. Sie haben zu viel Leid erfahren. Der Engel der Fröhlichkeit nimmt ihnen nicht einfach das Leid ab. Er kann auch das Leid aushalten. Aber er möchte es relativieren. Das Schwere ist da und lässt sich nicht leugnen, aber es bestimmt uns nicht ausschließlich. Es gibt auch mitten im Leid die Sonne, die eine schöne Landschaft bescheint, und es gibt die Sonne, die auch in unsere Dunkelheit leuchtet. Dafür möchte er uns öffnen. Und wenn wir uns der Sonne zuwenden, dann wird auch unsere Stimmung fröhlicher. Dann werden wir lebendig. Und manchmal – wenn uns niemand beobachtet – wagen wir dann sogar, zu hüpfen und zu springen vor Freude.

# 28. Der Engel des Spiels

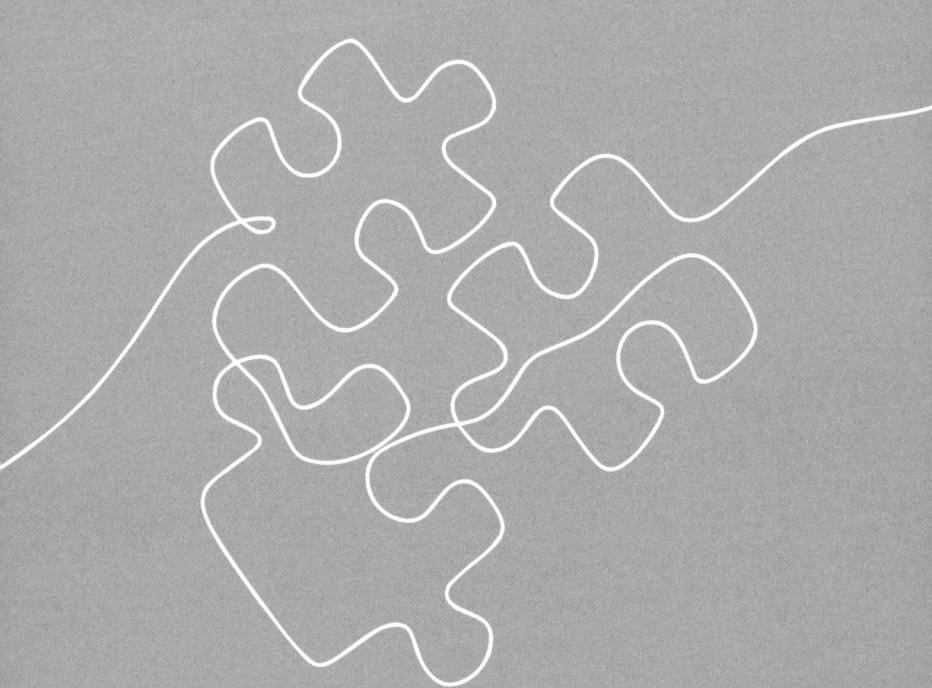

Kinder spielen gerne. Sie gehen auf im Spielen, sind ganz konzentriert auf das, was sie spielen. Sie machen gerne vorgeformte Spiele, aber erfinden auch ständig neue. Ob sie sich mit Steinen beschäftigen oder mit dem Sand im Sandkasten, sie machen aus allem ein Spiel. So üben sie sich ein in das Leben, so entdecken und erweitern sie die eigenen Möglichkeiten. Manche meinen, Spielen sei Sache der Kinder. Für die Erwachsenen zähle der Ernst des Lebens. Da sei kein Raum mehr für fantasievolle Zwecklosigkeit. Doch auch uns Erwachsenen tut das Spielen gut. Da steigen wir aus der Tyrannei der Nützlichkeit aus. Da geben wir uns einfach nur dem Spiel hin. Wir erfahren das Leben als Spiel. Wir nehmen alles leichter.

Aber Spiel ist nicht nur die Auszeit, die wir uns aus dem drückenden Alltag nehmen. Wir spielen uns auch in unsere eigenen Möglichkeiten hinein. Und wenn wir das Spiel, das wir als Kind mit Hingabe spielten, genauer anschauen, können wir darin ein Bild erkennen, das uns heute hilft, unser Leben mit anderen Augen anzuschauen. Das kindliche Spiel bringt uns in Berührung mit dem Potenzial unserer Seele. So entdeckte ein Priester, der als Kind so gerne kleine Bäche anstaute, schließlich in diesem Spiel ein Bild für seine Berufung als Priester, der den Lebenslauf von Menschen, der in die falsche Richtung läuft, umlenkt, um das Leben dort, wo es sich staut und nicht weiterfließt, wieder in Fluss zu bringen.

Wir brauchen den Engel des Spiels in verschiedener Hinsicht. Der spielende Engel soll uns Mut machen, uns einfach dem Spielen zu überlassen und nicht nach dem Nutzen zu fragen, sondern im Spiel

das Leben selbst zu genießen. Der Engel des Spiels möchte uns aber auch einladen, unser Leben spielerisch anzugehen, die Probleme, die uns in der Arbeit erwarten, spielerisch und kreativ zu lösen und nicht mit dem Gefühl, dass uns da eine Last erdrückt. Der Engel des Spiels will uns in Berührung bringen mit den inneren Bildern, die in unserer Seele bereitliegen und die uns helfen, unser Leben von innen heraus zu gestalten, anstatt es uns von außen aufdrängen zu lassen. Wenn du stöhnst, weil die Arbeit dich erdrückt, weil die Konflikte in deiner Umgebung immer heftiger werden, dann bitte den „angelus ludens" zu Hilfe, den Spiel-Engel. Er zeigt dir, wie du den Konflikt kreativ lösen kannst. Er lehrt dich, deine Arbeit spielerisch zu sehen. Dann bekommt sie den Geschmack von Leichtigkeit. Und der Engel des Spiels lädt dich ein, trotz aller Probleme, die du momentan in deiner Familie oder in deiner Firma siehst, einfach zu spielen und dich dem Spiel hinzugeben.

Es gibt auch ein heiliges Spiel. Romano Guardini nennt die Liturgie ein heiliges Spiel. Wir spielen uns da in unsere wahre Würde als Söhne und Töchter Gottes hinein. Wir spielen uns in unsere Erlösung und Befreiung hinein und erfahren im heiligen Spiel etwas von der Freiheit der Kinder Gottes und von unserer unantastbaren Würde. Das Spiel der Liturgie ist zweckfrei. Es muss nichts dabei herauskommen. Aber es ist zugleich ein heiliger Ernst dabei. Wir spielen um unser Leben. Aber wir spielen das Spiel der Liturgie nicht allein. Der Engel des Spiels spielt mit uns und er lädt die ganze himmlische Engelsschar ein, mit uns zu spielen, mit uns zu singen und das Geheimnis unseres erlösten Menschseins im Spiel darzustellen.

# 29. Der Engel
## des Loslassens

*D*em Landwirt fällt es schwer, seinen Hof auf den Sohn zu überschreiben und ihm die Verantwortung zu übergeben. Der Mutter fällt es schwer, den Sohn, der erwachsen wird, aus dem Haus zu lassen. Der Vater kann die Tochter nicht loslassen. Er möchte sie weiterhin als seine Vertraute behalten. Doch sie hat einen Freund und möchte ihre eigenen Wege gehen, ohne die Zustimmung des Vaters einzuholen. Es gibt viele Situationen, in denen wir die alte Verantwortung loslassen sollten, um sie anderen, jüngeren Menschen zu überlassen. Es gibt in uns einfach einen Widerstand, loszulassen, den wir kaum aus eigener Kraft zu überwinden vermögen. Da bräuchten wir den Engel des Loslassens. Er lädt uns ein, die Hand aufzumachen und das, was wir in Händen halten, freizugeben. Nur wenn wir den Samen, den wir in der Hand halten, auf die Erde fallen lassen, kann er aufgehen.

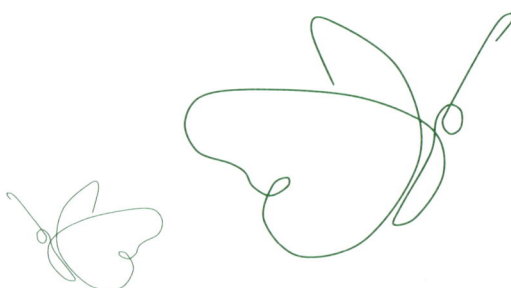

Nur wenn wir die Menschen, für die wir Verantwortung haben, in die Freiheit entlassen, werden sie aufblühen.

Was am schwersten fällt, ist, sich selbst loszulassen: seine Kraft, seine Gesundheit, lieb gewordene Gewohnheiten. Aber je älter wir werden, desto mehr geht es genau darum: sich selber loszulassen, den Einfluss loszulassen, das Gebrauchtwerden loszulassen und seine Macht loszulassen. Gerade im Alter bedürfen wir des Engels, der uns immer wieder dazu ermutigt. Er nimmt uns die Angst, dass wir dann nichts mehr wert sind, wenn wir die Verantwortung loslassen oder wenn wir die Aufgabe loslassen, die uns vor den Menschen Wert und Ansehen verleiht. Der Engel des Loslassens wirbt dafür, dass wir die Hände aufmachen. Denn nur mit offenen Händen können wir Neues empfangen.

Viele Mütter sagen mir: „Ich kann meine Tochter, meinen Sohn gar nicht ganz loslassen. Sie bleibt immer meine Tochter, er ist immer mein Sohn." Die Mütter haben recht. Es gibt kein absolutes Loslassen. Der Engel des Loslassens lehrt uns die Kunst, immer Mutter oder Vater zu bleiben, wenn die Kinder die Eltern als Eltern brauchen. Er zeigt uns, wie das geht, sich auch weiterhin um die Kinder zu sorgen und für sie zu beten, aber sie zugleich auf ihren eigenen Weg zu entlassen, sie loszulassen und zu vertrauen, dass sie ihren Weg finden. Der Engel des Loslassens hilft uns dabei, weil wir wissen, dass er nicht nur uns begleitet. Dieser Engel wird auch die Kinder begleiten auf ihrem Weg. Und weil ein Engel sie begleitet, müssen wir sie nicht kontrollieren, können wir sie ihrem Weg überlassen. Sie sind nicht allein. Ihr Engel ist bei ihnen. Und der Engel des Loslassens steht in Verbindung mit dem Schutzengel, der unsere Kinder begleitet. Die Engel arbeiten im Team und erleichtern uns so unsere Aufgabe des Loslassens.

# 30. Der Engel der Hilfsbereitschaft

*D*a ist eine alte Frau, die ihren großen Koffer nicht aus dem Zug herausbringt. Aufmerksame Mitreisende kommen ihr zu Hilfe und stellen den Koffer auf den Bahnsteig. Dort kann sie ihn wieder auf Rollen fahren. Aber in manchen Bahnhöfen gibt es keinen Fahrstuhl und die alte Frau muss ihr Gepäck mühsam auch die Treppe hinuntertragen. Oft sieht sie sich nach jemandem um, der sie sieht und ihr zu Hilfe kommt. Es sind nicht immer und keineswegs ausschließlich die frommen Mitreisende, die dann zu Engeln der Hilfsbereitschaft werden. Aber es sind Menschen, die einen Blick haben für die Not der Mitmenschen. Keiner von uns ist immer ein Engel der Hilfsbereitschaft. Der Engel in uns muss uns vielmehr manchmal dazu anstoßen, die Augen nicht zu verschließen vor dem, der gerade in Not ist. In uns gibt es ja immer auch andere Stimmen: Ich habe jetzt keine Zeit. Die alte Frau soll daheimbleiben und nicht so viel reisen. Vielleicht kommt ihr Sohn und hilft ihr. Viele Ausreden kommen da in uns hoch, die uns von der Hilfsbereitschaft abhalten möchten. Aber der Engel der Hilfsbereitschaft in uns appelliert dann, dem ersten Impuls zu folgen und zu helfen. Er bringt uns in Berührung mit unserem inneren Gespür, dem anderen zu Hilfe zu kommen, der in Not ist. Dieses Gespür ist in jedem von uns angelegt. Aber es wird eben oft übertönt von anderen Impulsen, denen wir mehr Gehör gewähren. So braucht es eine gute Beziehung zum Engel der Hilfsbereitschaft, damit er uns anstößt, dem anderen zu helfen.

Wenn wir selbst einmal in Not sind, dann sehnen wir uns selber nach einem solchen Engel. Wir bitten Gott, dass er uns einen

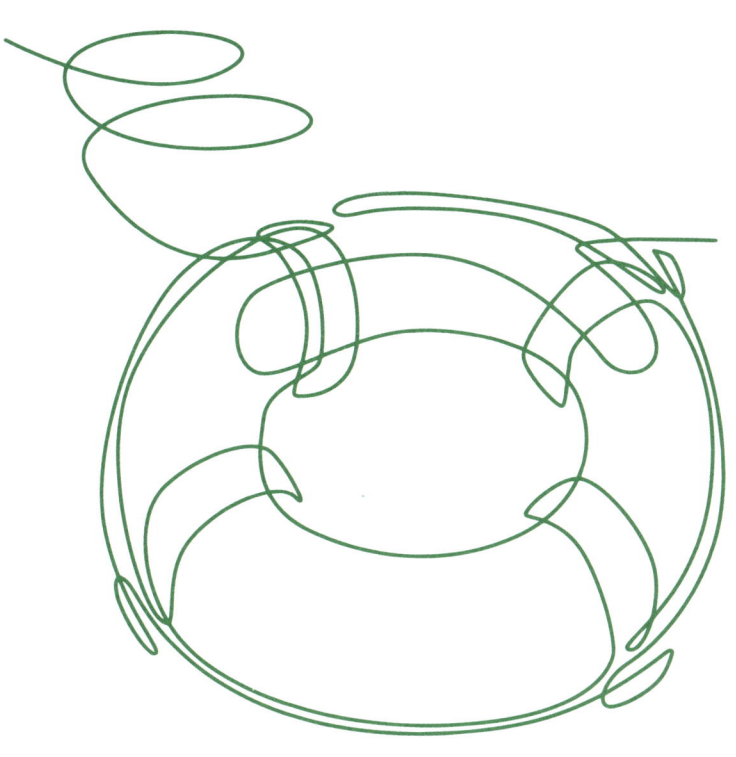

Engel schickt. Einmal war – mitten in der Nacht bei der Rück-
fahrt von einem Vortrag – die Lüftung meines Autos defekt. Bei
jedem Rastplatz holte ich mir eine Flasche Wasser, um das Wasser nachzufüllen. Doch schon nach 10 km kochte die Lüftung und
das Alarmsystem zeigte mir an, dass es so nicht mehr weiterging.

Bei einer Raststätte ging ich in die Tankstelle und bat um Hilfe. Aber Verkäufer sind keine Monteure. Keiner konnte mir helfen. Da kam ein türkischer Lkw-Fahrer zu mir ans Auto und schaute nach. Und er sah, dass es eine kombinierte Luft-Wasser-Kühlung war. Der Riemen der Luftkühlung war gerissen. Er reparierte ihn notdürftig. So wurde dieser fremde Mann für mich mitten in der Nacht zum Engel der Hilfsbereitschaft. Ich dankte ihm und wollte ihm Geld geben. Aber er nahm keines. Engel nehmen kein Geld. Sie leisten ihre Hilfe umsonst.

# 31. Der Engel des Missgeschicks

*D*ass uns irgendein Missgeschick passiert, ist gar nicht so ungewöhnlich. Da sitzt der Mann bei einem festlichen Abendessen mit Gästen – und schüttet sich die Sauce auf die neue Krawatte. Er weiß gar nicht, wie er reagieren soll. Oder einer Frau löst sich wegen der Hitze die Schminke ab und läuft ins Gesicht. Es ist ihr so peinlich. Normalerweise reagieren wir mit Scham auf ein Missgeschick, das uns den Blicken anderer aussetzt. Wir möchten dann am liebsten unsichtbar werden, nicht gesehen werden, oder wir ärgern uns: über uns selber oder über einen anderen, den wir als Verursacher des Missgeschicks ausmachen. Da wäre es gut, wenn der Engel des Missgeschicks uns zu Hilfe kommen würde. Er kann nicht einfach ungeschehen machen, was passiert ist. Aber er berührt uns zärtlich und sagt uns: „Es ist doch nicht so schlimm. Du kannst es doch auch humorvoll nehmen." Und der Engel des Missgeschicks verwandelt die Situation in ein Miteinander-Lachen. Auf einmal sind alle fröhlich. Und ich muss mich nicht mehr schämen. Ich kann über mich selbst lachen. Nicht immer hat es der Engel des Missgeschicks so leicht. Manchmal kämpft er gegen unseren Stolz. Wenn wir stolz darauf sind, immer korrekt, selbstbeherrscht und sicher aufzutreten, dann ist es natürlich besonders peinlich, wenn unsere Hose auf einmal einen Riss bekommt oder ein für alle sichtbarer Spritzer die Bluse befleckt. Manchmal kämpft der Engel auch gegen unseren inneren Richter, der uns verurteilt, weil wir etwa eine Dame mit dem falschen Namen angesprochen oder sie mit einer anderen verwechselt und daher die falschen Fragen gestellt haben. In solch schwierigen Fällen ruft der

Engel des Missgeschicks seine Engel-Mannschaft zusammen und fragt, wer ihm helfen kann. Da kommt dann häufig der Engel der Demut zu Hilfe, der uns vom Thron unseres Stolzes herunterholt. Auch der Engel des Humors greift dann möglicherweise ein, der alles von der heiteren Seite aus anschaut und das Missgeschick in einen Grund zum Lachen verwandelt. Und noch ein Engel kommt ihm zu Hilfe: Es ist der Richter-Engel, der unseren inneren Richter, der uns so scharf verurteilt, entthront. Dieses Engelteam hat ganz schön zu arbeiten, damit wir auf das Missgeschick nicht mit ständigen Selbstvorwürfen reagieren, sondern es einfach belassen können – als etwas, was zwar unsere Pläne durchkreuzt und unser Selbstbild etwas ankratzt, aber doch auch unter einem anderen Blickwinkel gesehen werden kann. Der Engel des Missgeschicks sagt mir dann nämlich:

„Ganz gut, dass dein Image etwas Schaden leidet. Sonst würdest du zu arrogant auftreten. Das Missgeschick stellt dich wieder auf den Boden. Es hilft dir dabei, dass du die Bodenhaftung nicht verlierst." Es kann sehr befreiend sein, das einzusehen und zu akzeptieren.

# 32. Der Engel, der sagt: Zeit, aufzuhören!

*M*anch einer arbeitet abends bis spät in die Nacht. Der gewissenhafte Lehrer meint, er müsse die Stunden für morgen perfekt vorbereiten. Er wird nicht fertig mit dem Lesen von immer neuen Büchern. Der ehrgeizige Manager meint, er müsse alle Mails noch am gleichen Tag beantworten, sonst käme er morgen nicht nach. Der Rechtsanwalt denkt, dass er nur abends die Ruhe hat, seine Akten ungestört durchzuarbeiten. Die Mutter hat nach einem anstrengenden Arbeitstag in der Firma noch so viel im Haushalt zu tun. Da müssen noch all die Hemden gebügelt werden. Und so wird es auch bei ihr immer später. Sie sagt sich möglicherweise: „Nur heute muss ich etwas länger arbeiten. Morgen werde ich früher aufhören und früher ins Bett gehen." Aber am nächsten Tag kommt wieder etwas Neues. Und auch das ist für sie wieder Grund genug, weiterzumachen. In all diesen Situationen brauchen wir den Engel, der uns zuruft: „Zeit, aufzuhören. Morgen ist auch noch ein Tag. Geh ins Bett. Gönn dir einen geruhsamen Feierabend. Genieße deine freie Zeit. Nur wenn du aufhörst zu arbeiten, hast du Zeit, auf dich zu hören."

Aufhören meint ja nicht nur das Beenden einer Tätigkeit, sondern auch das Aufhorchen, das Offensein, um das zu hören, was gerade wichtig ist, was Gott mir sagen möchte. Der Engel des Aufhörens flüstert mir zu: „Es ist Zeit, auf dich zu hören, auf deine inneren Impulse, auf Gott."

Wir brauchen den Engel des Aufhörens aber nicht nur am Abend, sondern auch in Situationen, in denen wir meinen, wir müssten unsere Aufgabe immer weiter bearbeiten und es ginge nicht ohne

uns. Da kann etwa jemand auch im höheren Alter nicht aufhören, seine Firma selber zu führen. Ein anderer findet einfach den Absprung aus der Politik nicht. Er macht immer weiter, bis die Menschen ihn nicht mehr wählen. Für viele endet ein erzwungenes Aufhören dann schmerzlich. Wären sie zur rechten Zeit gegangen, hätte man sie mit großem Lob und mit Dankbarkeit verabschiedet. Jetzt ist man froh, sie loszuhaben. Man entlässt sie, manchmal unehrenhaft. Am Ende bleibt ein bitterer Nachgeschmack. Der Engel, der uns zuruft: „Zeit, aufzuhören", will uns vor solchen Erfahrungen schützen. Er hat ein Gespür dafür, wann es Zeit ist, aufzuhören. Dieser Engel verhilft uns dann zu genügend Zeit, auf unsere innere Stimme zu achten, auf das zu hören, was Gott von uns will und was uns selbst und die Menschen wirklich bewegt. Aber der Engel muss sich manchmal auch laut bemerkbar machen, sonst würden wir seinen Zuruf: „Zeit, aufzuhören!" überhören. Wir würden sonst einfach weitermachen. Manchmal spricht der Engel auch über den Leib zu uns. Er zeigt uns unsere körperlichen Grenzen in einer physischen Schwäche oder in mangelnder Spannkraft, um uns zu bedeuten: „Zeit, aufzuhören." Wer auf die leisen Impulse des Engels nicht hört, der muss dann auf die kräftigeren Impulse einer Krankheit oder eines psychischen Zusammenbruches hören. Es wäre für uns angenehmer, schon früh genug auf den Engel zu hören und auf seine leisen Impulse zu achten. Dann hören wir auf mit dem, was wir bisher gemacht haben, um auf das zu hören, was der Engel uns an anderem und Verheißungsvollem anbietet. Denn nur wer aufhören kann, kann wieder etwas anfangen und den Zauber des Neuen erfahren.

# 33. Der Engel des Ausschlafens

*E*s gibt Zeiten, in denen der Schlaf zu kurz kommt. Wir haben gerade viel in der Firma zu tun. Und in der Familie gibt es so viele Probleme. An all den wichtigen Sitzungen in den ehrenamtlichen Gremien, in denen wir uns engagieren, dürfen wir keinesfalls fehlen. Oder es sind einfach viele innere Probleme, die uns den Schlaf rauben. Kaum, dass wir eingeschlafen sind, wachen wir wieder auf und wälzen uns grübelnd und voller Unruhe im Bett herum. Wir haben Angst, nicht genügend zu schlafen, um morgen fit zu sein. Da sehnen wir uns nach dem Engel des Ausschlafens, der uns einfach einmal acht Stunden ohne Unterbrechung in einen tiefen Schlaf wegtauchen lässt. Und wir sehnen uns nach dem Engel, der uns am Morgen nicht mit einem schrillen Weckton aus dem Schlaf reißt, sondern uns so lange schlafen lässt, wie es uns guttut. Diesen Engel bitten wir vor allem im Urlaub, uns beizustehen. Denn viele können auch im Urlaub den Schlaf nicht genießen. Sie gönnen sich zwar, länger liegen zu bleiben, aber sie können das Dösen am Morgen nicht genießen.

Der Engel des Ausschlafens wacht darüber, dass wir uns im Schlaf gut erholen. Ohne erholsamen Schlaf werden wir gereizt oder depressiv. Psychologen sagen, im Schlaf öffne das Immunsystem seine Reparaturwerkstatt und baue die körpereigene Abwehr wieder auf. Deshalb ist der Engel des Ausschlafens so wichtig für uns und unsere Gesundheit. Wer nur unruhig schläft, der wird am nächsten Morgen wie gerädert aufstehen und sich auch während des Tages nicht richtig konzentrieren können. Der Engel des Ausschlafens leistet im Schlaf seine wirksame Arbeit. Ein Schlafforscher vergleicht die Tätigkeit der Nervenzellen in der Nacht mit einer Orchesterprobe. Tagsüber lernen wir die Noten kennen. Und in der Nacht probt der Engel des Ausschlafens so lange mit uns, bis das Stück sitzt. Dann sind die Nervenzellen am nächsten Tag bereit, ein neues Stück einzuüben. Nur mit halb einstudierten Stücken lässt sich nicht zufriedenstellend leben. Der Engel des Ausschlafens sortiert in der Nacht also alles, was wir tagsüber erlebt haben, und klärt alles Chaotische in uns, sodass wir die Situation am nächsten Morgen klarer sehen und uns oft besser entscheiden können.

Da der Engel des Ausschlafens solche wertvollen Dienste für dich leistet, solltest du gut mit ihm umgehen. Du solltest ihn nicht nerven, indem du ständig über den vergangenen Tag nachgrübelst und alles bewertest, was da war. Bitte ihn stattdessen, dass er das Bewerten für dich im Schlaf übernimmt und dass er alles in dir in Ordnung bringt. Bitte den Engel, dass er nachts über dich wacht, damit dein Schlaf geruhsam und erholsam wird und du dir dabei das holst, was du tagsüber brauchst: inneren Frieden, Frische, Lebendigkeit und Tatkraft.

# Himmlische Boten

128 Seiten I Gebunden
ISBN 978-3-451-03325-4

Es gibt Situationen im Leben, da braucht man einfach einen Engel!
Und zwar keineswegs nur in höchster Not, sondern auch angesichts
der kleinen Tücken des Alltags: Zum Beispiel, wenn man im Stau
steckt und doch so dringend weiter müsste. Oder wenn von allen
Seiten Anforderungen auf uns einprasseln. Solche Situationen bieten
Gelegenheiten, darauf zu vertrauen, dass Hilfe nahe ist. Gott schickt
uns einen himmlischen Boten, eine leise Botschaft, die die Wirklichkeit verwandeln kann. Wir haben ständig Schutzengel um uns und
wenn wir achtsam sind, können wir sie auch sehen.

**In jeder Buchhandlung!**

**HERDER**

www.herder.de